Uma Solução ao Pôr-do-Sol

Uma Solução ao Pôr-do-Sol

Como usar o hemisfério direito do cérebro
para resolver qualquer problema
em menos de um dia

Carol Orsborn

Tradução
MIRTES FRANGE DE OLIVEIRA PINHEIRO

Editora Cultrix/São Paulo

Título do original: *Solved by Sunset*.

Copyright © 1995 Carol Orsborn.

Publicado originalmente pela Harmony Books/Crown Publishing Co., Nova York, NY.

Publicado mediante acordo com Linda Michaels Ltd., International Literary Agents.

Todos os direitos reservados. Nenhuma parte deste livro pode ser reproduzida ou usada de qualquer forma ou por qualquer meio, eletrônico ou mecânico, inclusive fotocópias, gravações ou sistema de armazenamento em banco de dados, sem permissão por escrito, exceto nos casos de trechos curtos citados em resenhas críticas ou artigos de revistas.

O primeiro número à esquerda indica a edição, ou reedição, desta obra. A primeira dezena à direita indica o ano em que esta edição, ou reedição, foi publicada.

Edição	Ano
1-2-3-4-5-6-7-8-9-10	01-02-03-04-05-06-07

Direitos de tradução para a língua portuguesa
adquiridos com exclusividade pela
EDITORA PENSAMENTO-CULTRIX LTDA.
Rua Dr. Mário Vicente, 368 — 04270-000 — São Paulo, SP
Fone: 272-1399 — Fax: 272-4770
E-mail: pensamento@cultrix.com.br
http://www.pensamento-cultrix.com.br
que se reserva a propriedade literária desta tradução.

Impresso em nossas oficinas gráficas.

Dedicatória

Dedico este livro afetuosamente ao meu marido Dan — o melhor companheiro de viagem que alguém poderia desejar na vida.

Ao meu filho Grant — cuja mente perspicaz muitas vezes compreende melhor minhas melhores idéias, antes mesmo que eu o faça.

À minha filha Jody — por seu espírito efervescente, que muitas vezes me fez ficar tentada a brincar em vez de escrever este livro — mas, de qualquer maneira, eu o terminei.

Agradecimentos

Minha sincera gratidão e respeito a:
Patti Breitman, meu agente e amigo, com grande afeto.

Shaye Areheart, editor visionário.

Dean Joseph Hough, professor David Buttrick,
dr. Pat Rettew e meus colegas na Vanderbilt Divinity School.

Dr. Lloyd e Mae Matzkin, pelo amor que sempre me dedicaram.

Sumário

Como Funciona o Processo da Solução ao Pôr-do-Sol 9
Introdução 11

PRIMEIRA HORA: Estabeleça Seu Objetivo 23
Um: *A Ciência dos Milagres* 25
Dois: *Como Explodir os Circuitos* 33
Processo: *Estabeleça o Seu Objetivo* 36
Três: *Pontos de Acesso* 38

SEGUNDA HORA: Delimite a Descida 49
Quatro: *Alimente Seus Demônios* 51
Processo: *Delimite a Descida* 60
Cinco: *Você Pode Confiar nas Suas Emoções?* 62

TERCEIRA HORA: Conte a História da Sua Vida 73
Seis: *O Paraíso Perdido* 75
Processo: *Ponha o Seu Problema Dentro de um Contexto* 81
Processo: *Seu Mito Pessoal* 84
Sete: *Respeite a Sua História* 86

QUARTA HORA: Estupefato 91
Oito: *Forças Invisíveis* 93
Nove: *A Escolha é Sua* 100
Processo: *Estupefato* 109
Dez: *Sem Opção* 112

QUINTA HORA: Vozes Diferentes 117
Onze: *Como Saber Qual é a Voz Verdadeira?* 119
Doze: O *Seu Conselho Diretor* 130
Processo: *Diálogo com as Vozes Interiores* 130
Treze: O *Teste do Profeta* 139

SEXTA HORA: Onze Perguntas 145
Quatorze: *Este é o Seu Momento* 147
Processo: *Onze Perguntas* 151
Quinze: *Quanto Vale um Sonho?* 160
Dezesseis: *Um Problema à Sua Altura* 168

SÉTIMA HORA: ATÉ O PÔR-DO-SOL: Pronto para Receber 179
Dezessete: *Um Ritual de Finalização* 181
Processo: *Finalização* 182
Dezoito: *Santo* 185

ALÉM DO PÔR-DO-SOL 191
Dezenove: O *Seu Eu Comum é o Que Basta* 193

O PROCESSO DA SOLUÇÃO AO PÔR-DO-SOL: Resumo 200

Como Funciona o Processo da Solução ao Pôr-do-Sol

Por alguma razão, veio à sua mente o problema que você deseja solucionar até o pôr-do-sol de hoje. Você tem lutado com essa questão — e provavelmente está sofrendo um pouco com isso. Mas o fato de ter recorrido a este livro neste momento é um bom sinal. É sinal de que você está pronto para dizer toda a verdade sobre a situação na qual se encontra — de enfrentar, transformar e transcender as velhas maneiras de abordar seus problemas. Você deseja vê-los de um novo prisma, de uma maneira que eles possam ser solucionados de uma vez por todas.

Sei que este processo pode ajudá-lo e que seus problemas podem ser solucionados de forma satisfatória, pois este é um universo ordenado. Ele apóia a sua evolução de forma incondicional, independentemente de como você se sente consigo mesmo ou da sua situação neste momento.

Aplicando o processo da *Solução ao Pôr-do-Sol* à questão que o está desafiando hoje, você estará exatamente no lugar certo e na hora certa para iniciar um novo período de definição e crescimento na sua vida. Além de adquirir a visão e a percepção necessárias para resolver seu problema da melhor maneira, você amadurecerá espiritualmente.

A *Solução ao Pôr-do-Sol* é um processo auto-orientado. O ideal é você tirar um dia na sua vida atribulada, quando puder ficar sozinho para ler o livro e seguir as etapas que o conduzirão à solução dos seus problemas. Dependendo da sua localização geográfica e da época do ano, provavelmente você poderá começar seu dia às sete ou oito horas da manhã e terminar antes do pôr-do-sol.

Outra opção é ler todo o livro primeiro e depois utilizar o guia prático que se encontra no final, quando você tiver tempo para fazer os vários exercícios.

Independentemente da abordagem que você escolher, pense no tempo que passará com estas páginas como um retiro pessoal. Certamente você poderá tornar essa experiência especial, encontrando um lugar afastado onde possa ficar algum tempo sozinho ou com um grupo de pessoas que se reuniu com o propósito de realizar juntas o processo da *Solução ao Pôr-do-Sol*.

Os únicos instrumentos absolutamente imprescindíveis são papel e caneta. Entretanto, no decorrer do dia você terá oportunidade para utilizar outros recursos, tais como sua música preferida ou métodos de adivinhação (por exemplo, a versão Rider-Waite das cartas de tarô, se você tiver ou se interessar por obter). Uma lareira e uma vela também podem ser úteis.

A única preparação mental de que você precisa é um problema ou uma pergunta em mente — e o desejo ardente de resolvê-lo até o pôr-do-sol.

Introdução

Três anos atrás, meu marido Dan propôs seriamente que nos mudássemos de São Francisco para Nashville. Estávamos diante de uma decisão que modificaria nossa vida. Mas isso não era nenhuma novidade. Ele já havia feito essa proposta quatro, dez, quinze anos antes. Fazia sentido ficar na Califórnia — era ali que nosso negócio, nossa família, nossos amigos e nossa *vida* estavam. Mas Nashville, com suas promessas de emprego na indústria da música, tocou o coração de Dan — e ele, o meu.

Cada vez que o assunto vinha à baila, nós o analisávamos, pesando os prós e os contras. Fizemos listas, calculamos os riscos, discutimos com amigos e procuramos o conselho de especialistas. Aproveitávamos todas as oportunidades que surgiam na nossa vida atribulada para tentar avaliar as possibilidades, pesquisar as alternativas, analisar e teorizar. Em outras palavras, estávamos utilizando o mesmo processo racional do hemisfério esquerdo do cérebro que havíamos aplicado com êxito em muitas questões na nossa vida: desde a escolha de um pedreiro para arrumar o telhado da casa até um novo nome para a nossa empresa. Estávamos acostumados a ficar no controle: reunindo informações, avaliando possibilidades e agindo de forma decisiva. Entretanto, no que dizia respeito a Nashville, estávamos confusos.

Verdade seja dita, essa não foi a única questão a desafiar nossos esforços persistentes para ditar as regras através dos anos. Havia um bocado de questões não resolvidas fazendo um ruído estridente logo abaixo da superfície da nossa vida agitada, como animais de estimação psíquicos arranhando a porta da gaiola dos nossos processos racionais, sem força suficiente para quebrar a tranca, mas barulhentos demais para serem ignorados. Algumas eram questões menores — assuntos do dia-a-dia relacionados com família, a carreira, o amor e a vida, que de forma persistente parecem tomar mais tempo e espaço do que sabemos, lá no fundo, que elas merecem. Outras eram mais importantes — escolhas trazidas à tona pelas mudanças turbulentas de uma vida vivida intensamente: decisões relacionadas com vários estágios do ciclo da vida, por exemplo, ou causadas por circunstâncias que estão fora do nosso controle. Cada aspecto da nossa vida está em constante movimento e cada mudança traz consigo novas perguntas. Se eu fizer isto, estarei progredindo ou regredindo? Será que vale a pena correr o risco? Ir ou ficar? Sim ou não?

Tudo bem se seus processos rotineiros para solucionar problemas puderem suportar a carga. Mas e aquelas ocasiões em que você utiliza todos os seus recursos para lidar com uma questão e mesmo assim acaba ficando incerto, medroso ou agindo por impulso? Você não sabe se a vida irá apresentar desafios, crises e problemas que precisam ser resolvidos. Sabe que, se não fizer nada, a vida o conduzirá a seu bel-prazer. Porém, se estiver disposto a agir, você terá a oportunidade de ser um agente da mudança e não a sua vítima. A decisão que você tomar, não importa como chegará a ela, será o veículo que o impulsionará na vida. *Você não gostaria de encontrar uma solução pacífica e satisfatória para o problema que o está incomodando neste momento?*

Acontece que, há três anos, retomamos a questão de nos mudarmos ou não para o Tennessee. Dessa vez, entretanto, a diferença é que tínhamos desenvolvido um novo processo para abordar o problema — uma estratégia que contornava todos os empecilhos mirabolantes do hemisfério esquerdo do cérebro, que nos manteve presos a esse problema por quase duas décadas. Esse processo encerrava uma promessa de conquistas, realizações repentinas e uma perspectiva maior. Além de solucionar o problema que exigia nossa atenção naquele momento, ele tinha o potencial de reorganizar a estrutura da nossa percepção mental e espiritual.

Depois de anos e anos analisando essa questão tão importante para nossa vida, de repente compreendemos que tínhamos os meios para resolvê-la até o final desse mesmo dia. E agora, três anos mais tarde, depois de ensinar essa técnica a milhares de pessoas em todo o país e de ouvir relatos de conquistas semelhantes mediante a aplicação dessa abordagem — estou ansiosa para ensinar a você o processo.

Antes de fazê-lo, contudo, preciso esclarecer que esse processo se baseia em três importantes premissas que peço que aceite e que compartilharei com você agora.

Portanto, vamos respirar fundo e nos preparar para mergulhar fundo no coração do sistema de crenças no qual atua o processo da *Solução ao Pôr-do-Sol*. Estou inspirada neste momento, como ficarei muitas vezes ao longo deste livro, pelas palavras do filósofo William James, cujos trabalhos clássicos sobre a natureza humana foram os primeiros a explorar os estados mentais e espirituais que acompanham fenômenos como misticismo, conversão e experiências religiosas pessoais. No início do século, James escreveu sobre a crença de que "existe uma ordem invisível, e nosso bem supremo reside no fato de nos ajustarmos a ela de forma harmoniosa".

Ainda que James, dirigindo-se a uma platéia da Universidade de Edimburgo, estivesse falando principalmente da sua própria tradição judeu-cristã, sua descrição funciona bem quando aplicada à filosofia oriental e ao misticismo hindu. De forma semelhante, O *I Ching*, o livro da sabedoria milenar chinesa, escrito há três mil anos, que inspirou o meu último livro *How Would Confucius Ask for a Raise?**, ensina que existe um arquétipo oculto de ordem, conhecido como o Tao, com o qual o Eu "superior" se sintoniza.

"Os acontecimentos naturais estão sujeitos à lei de maneira uniforme", explica Richard Wilhelm em seu comentário sobre o *I Ching*:

> A compreensão do significado divino que está por trás dos mecanismos do universo dá ao homem chamado a influenciar outros os meios de produzir efeitos semelhantes... Ela permite que ele assimile as leis misteriosas e divinas da vida e, através da mais profunda concentração interior, expresse essas leis em si próprio.

Uma história admirável do folclore popular do leste da Índia ilustra essa idéia. Um homem que fazia chover havia sido convidado para ir a uma aldeia que sofria por causa da seca. Chegando lá, pediu para ficar

---

* *Como Confúcio Pediria um Aumento de Salário?*, publicado pela Ed. Cultrix, São Paulo, 2000.

numa cabana nos arredores da aldeia. Ele precisaria jejuar e meditar durante várias semanas para se preparar para o ritual de fazer chover. Nesse meio-tempo, as nuvens começaram a se formar e, em seguida, choveu. As pessoas da aldeia correram para a cabana do homem para comemorar. Porém, ele estava tão surpreso quanto elas.

Ele disse que não tinha se sentido bem — tinha estado indisposto. Por esse motivo, passara o tempo em isolamento, tentando recuperar o equilíbrio e o vigor. Ele ainda não havia realizado a cerimônia, mas pelo simples fato de estar resolvendo suas questões interiores, a chuva havia caído.

Qualquer um de nós pode se deparar com uma experiência dessas a qualquer momento. Por exemplo, semanas atrás recebi um telefonema de Ray, um comerciante de uma pequena cidade na Georgia que possuía a melhor lavanderia da cidade. Um concorrente antigo havia feito uma oferta para comprar seu negócio a preço de banana. Depois que ele recusou, o concorrente abriu uma lavanderia maior e melhor nas redondezas. Quando me telefonou, ele estava amargurado e deprimido. Os negócios iam de mal a pior. Ele pensava no concorrente como um inimigo e queria que eu o aconselhasse.

Enquanto ele falava, senti um nó no estômago. Percebi que eu estava sentindo visceralmente a inflexibilidade que tinha feito Ray ficar fora de sintonia com a ordem invisível. Depois de discutir o assunto comigo durante algum tempo, ele admitiu que sempre havia odiado o ramo de lavanderia e que há anos vinha pensando em retirar-se do negócio. Apenas não podia suportar a idéia de deixar seu concorrente "ganhar" e, por mais que tentasse, não conseguia encontrar um comprador em potencial para sua lavanderia. Eu disse que o que ele precisava era se libertar física e mentalmente do concorrente, substituindo cada pensamento negativo sobre ele por uma bênção e depois passando rapidamente para questões mais positivas. Dessa maneira, a energia iria começar a circular ao redor dele novamente.

Marcamos um encontro para a semana seguinte. Ray me telefonou no dia combinado. Entretanto, ele disse que estava ligando para desmarcar o encontro. Será que eu o tinha ofendido quando pedi que olhasse para suas próprias questões em vez de lhe ensinar a derrotar o concorrente?

Não se tratava disso, Ray rapidamente me assegurou. Assim que desligou o telefone, depois da nossa última conversa, ele sentiu o quanto a vida dele tinha inadvertidamente se desviado do rumo e se propôs a retificar seus erros. No dia seguinte, um amigo que não via há muito tempo perguntou sobre seu negócio. Ao que parece, esse amigo sempre quisera ter uma lavanderia e pediu que Ray o avisasse se algum dia resolvesse vendê-la.

Abraham Maslow, reverenciado como o pai da psicologia humanista, sustenta que esse tipo de experiência faz parte do nosso estado natural — e não a exceção. Ele chama esse estado de "experiência de pico", definida como um momento de autovalidação e autojustificação, que apreende os maiores valores da existência do ser humano. Esses valores incluem inteireza, totalidade, justiça, vivacidade, riqueza, simplicidade, bondade, singularidade, ausência de esforço, espírito lúdico, verdade e auto-suficiência.

"A reação emocional na experiência de pico tem um sabor especial de maravilha, de espanto, de reverência, de humildade e rendição diante da experiência como diante de algo grandioso", escreve Maslow.

Ele chegou a essa conclusão estudando pessoas mentalmente sadias e não mentalmente doentes, pessoas a quem ele se refere como "auto-realizadas". Dentre suas descobertas está: tudo o que nos impede de entrar em sintonia com o universo é acidental e pode ser superado. Doença, inflexibilidade e ignorância são problemas que podem ser corrigidos e resolvidos.

Proponho, portanto, que adotemos as três premissas a seguir:

Primeira premissa: Existe uma ordem invisível no universo.

Segunda premissa: Nosso bem supremo reside em nos ajustarmos de forma harmoniosa a essa ordem invisível.

Terceira premissa: Tudo o que nos impede de entrar em sintonia com o universo é acidental e pode ser superado.

Na filosofia chinesa, essas premissas são assimiladas em parte pelo conceito do Tao, o princípio unificador que retira ordem do caos, significado do vazio e harmonia da discórdia. A consciência interior, acessível através da intuição do hemisfério direito do cérebro — quando não está obstruída por traços de caráter alienantes como a impaciência e a ganância —, liga a pessoa às verdades universais, que podem ser reconhecidas, num nível visceral. O sistema que desenvolvi estabelece um ambiente onde o processo de ajuste harmonioso à ordem invisível *com certeza* irá ocorrer. (Estabelecer o ambiente é o melhor que podemos fazer, pois, como você logo verá, restabelecer sua sintonia com essa ordem invisível não é algo que você pode fazer acontecer — é algo que pode apenas deixar que aconteça. Felizmente, isso é suficiente.)

Você descobrirá nas próximas páginas que muitas das pesquisas mais recentes sobre o funcionamento do cérebro — especialmente com relação aos papéis neurológicos dos hemisférios direito e esquerdo do cérebro — sustentam que o *I Ching* ensinava três mil anos atrás, o que William James expressou na virada do século, o que os historiadores e teólogos de hoje apontam como a onda do futuro e o que os psicólogos e aqueles que buscam a perfeição espiritual estão colocando em prática atualmente.

Esse ajuste harmonioso não significa nada menos do que uma maneira completamente nova de perceber o mundo. É uma mudança que se realiza tanto no nível bastante pessoal como no nível cultural e social. Para preparar o terreno para o processo de solução de problemas que irei lhe ensinar, vamos começar analisando as mudanças históricas e culturais que estão ocorrendo.

O professor David Buttrick da Vanderbilt University's Divinity School explica que "vivemos em meio a uma crise cultural que não se difere do colapso do mundo greco-romano". A Época do Iluminismo, caracterizada pela "razão objetiva, pelo foco no indivíduo e por um espírito empreendedor", se extinguiu, na opinião geral dos estudiosos modernos, deixando em seu lugar um vazio espiritual e intelectual.

Esse vazio se origina no fim da ilusão de que podíamos controlar a natureza e o destino através do discernimento mental dos nossos processos racionais. A ilusão foi estimulada pela percepção exaltada de que as conquistas científicas do século passado nos tinham possibilitado exercer uma influência sem precedentes nos fenômenos externos. Como resultado do método científico, aprendemos que podíamos afastar a escuridão com lâmpadas elétricas e combater as bactérias com antibióticos. O momento exato da iniciação da vida foi registrado em vídeo, quando uma câmera microscópica filmou o esperma abrindo caminho no corpo de uma mulher, para ser mostrado nessa mesma noite no noticiário; esqueletos descobertos em antigas geleiras preenchem as lacunas no que diz respeito à história da nossa espécie e pequenos fragmentos da lua nos ajudam a compreender a natureza do cosmos. Temos sido tentados a nos ver como mestres do universo, substituindo a necessidade da fé pela promessa de conhecimento científico e de progresso, como uma maneira de nos reconciliarmos com o desconhecido.

O impacto de todo esse conhecimento científico é que a função racional do hemisfério esquerdo do cérebro — metáfora para a parte da mente que lida principalmente com a linguagem, com a lógica e com o tempo — tem sido levada mais em consideração do que as habilidades do hemisfério direito do cérebro — o aspecto que se especializa em orientações espirituais, intuitivas e espaciais. Passamos a confiar excessivamente na orientação do racional, deixando-nos levar pela falsa noção de que poderíamos ter o controle último sobre nós mesmos, sobre nossa vida e sobre as situações. Temos sido levados a crer que podemos resolver todos os nossos problemas trabalhando com afinco, pensando de forma inteligente e aperfeiçoando a nossa lógica. Quando algo dá errado, como inevitavelmente acontece, apenas sabemos continuar a fazer aquilo que já não estava funcionando bem para nós: uma condição que, no final, conduz à espiral implosiva de tensão e desgaste e à subseqüente dilaceração e esgotamento tanto de nós mesmos como das instituições.

Por outro lado, a filosofia oriental nos ensina o conceito de equilíbrio segundo o qual a saúde física, mental e espiritual depende da dinâmica recíproca dos opostos: dar *e* receber, atividade *e* repouso, racionalidade *e* fé e, assim por diante. Todas as pessoas têm forças opostas dentro de si — assim como a nossa cultura, como um todo. A rigor, qualquer entidade pode se beneficiar da expressão pura de qualquer uma destas forças, a qualquer momento.

Mas de modo geral, com o tempo, é a tensão dinâmica entre os opostos que cria o verdadeiro poder. O *I Ching* ensina que há um lugar dentro de cada um de nós onde as forças de ação e receptividade, de vontade e rendição estão devidamente equilibradas e podemos sentir o verdadeiro poder. Os antigos chineses visualizavam esse processo como uma vasilha de água esquentando sobre o fogo. Se o fogo estiver muito baixo, a água não irá ferver. Se estiver muito alto, irá evaporar. Apenas quando o equilíbrio das forças estiver correto, a água poderá ser capaz de servir àquilo a que se destina.

No que diz respeito à solução de problemas, tudo o que fizemos foi esgotar todo o suco dos sistemas racionais do hemisfério esquerdo do nosso cérebro. Durante quinze anos, Dan e eu reagimos ao impulso dele de nos mudarmos para Nashville: discutimos o assunto, fizemos listas, pesamos os prós e os contras, conversamos com amigos e analisamos as possibilidades. Até três anos atrás, a única coisa que nunca havíamos tentado era colocar a questão num contexto completamente novo, onde não iríamos mais nos ater àquelas abordagens medíocres e esgotadas, mas sim tentar um método totalmente novo.

No vácuo, essa mudança pode acontecer instantaneamente, talvez não no nível social, mas com certeza no pessoal: a esfera interior da consciência individual onde os problemas na realidade são vivenciados e as soluções revolucionárias são possíveis. Ironicamente, ao mesmo tempo encontramos descrições para essa experiência interior tanto na interpretação mais antiga da natureza humana quanto na mais atual. Olhando através dos séculos, antes da Época do Iluminismo e da exaltação da razão, havia, na história das religiões, um conceito que capta o espírito dessa experiência interior. Ele é chamado de "inspiração".

Estudiosos da religião, em *The Encyclopedia of Religion*, definem inspiração como "uma influência espiritual que acontece espontaneamente e faz com que uma pessoa seja capaz de pensar, falar ou agir de maneira que transcende as habilidades comuns do ser humano".

Arquimedes teve uma experiência dessas quando, depois de esgotar as habilidades mentais do hemisfério esquerdo do seu cérebro ao trabalhar no princípio da gravidade, decidiu relaxar um pouco tomando um banho. Assim que entrou na banheira, notou que o nível da água se elevou. Essa dica lhe deu a grande solução que procurava. Segundo a história, entusiasmado pela descoberta, ele saiu da banheira e correu nu pelas ruas gritando "Eureca!" (descobri!)

Carl Jung, confuso e aborrecido por causa do seu rompimento com seu mentor Sigmund Freud, recolheu-se à casa dos pais para chorar as mágoas. Quando viu, estava no chão brincando com jogos infantis. Logo,

logo ele levou as fantasias da sua infância para o quintal e construiu com pedras as aldeias, cidades e fortes que havia imaginado quando criança. Então, de maneira espontânea, foi tomado pelas concepções que formam a base da psicologia junguiana.

Num exemplo mais recente, a escritora Anna Quindlen teve o que ela chamou de "epifania" enquanto caminhava sozinha pelo campo, perto da sua casa. De repente, depois de um longo período de incerteza com relação à sua carreira, ficou claro para ela que nada a impedia de largar seu emprego influente como colunista e secretária do caderno metropolitano do New York Times e voltar suas energias criativas para a literatura de ficção. Ela abandonou sua carreira meteórica na cidade de Nova York e começou uma nova carreira como romancista, trabalhando em sua própria casa.

Parece haver uma relação entre conquistas como essas e a renúncia a um determinado desejo. Paramos de tentar fazer com que as coisas aconteçam, controlando e manipulando a realidade externa — e ficamos abertos para receber. Chame de inspiração ou criatividade, de solução de problemas ou milagre: a renúncia dos velhos processos racionais cria mais oportunidades para que as forças que estão além da nossa compreensão se envolvam no nosso sucesso.

A representação chinesa para o Tao, a figura de um pé guiado por uma cabeça, registra a essência desse relacionamento entre forças. O pé representa as capacidades racionais e intelectuais relacionadas com as funções do hemisfério esquerdo do córtex cerebral. A cabeça representa a intuição e a sabedoria interior, capacidades receptivas que refletem a contribuição do hemisfério direito do cérebro. São necessárias as duas qualidades para compor o Tao — e elas têm que estar num equilíbrio saudável. Contudo, é importante observar que o progresso depende da cabeça que guia o pé: devemos respeitar a intuição, o conhecimento interior, até mesmo acima das capacidades racionais e intelectuais.

Durante anos esta categoria de linguagem irracional foi essencialmente a área de atuação dos santos, gurus e místicos. Felizmente, na década de 70, os pesquisadores da área de psicologia e neurologia começaram a levar o fenômeno a sério. O cientista Roland Fisher, descrevendo a atividade do sistema nervoso simpático, exaltou o estado místico de êxtase associado com tal fenômeno pioneiro como "excitação ergotrópica". A contribuição que a ciência está dando para que possamos compreender o processo de solução dos problemas será explorada no primeiro capítulo deste livro.

O processo da *Solução ao Pôr-do-Sol* começa no ponto em que a ciência, a psicologia e a espiritualidade convergem. Ele nos faz compreender qual o papel dos problemas na nossa vida, o que significa "resolver" nossas questões e como se faz a transição para uma nova maneira de ser. Usando o problema que mais o preocupa neste momento como um veículo de transformação, você terá acesso às forças invisíveis que estão operando na sua vida. Você analisará as questões espirituais ligadas ao seu relacionamento com o sucesso, com o estabelecimento de metas, com um vitimismo *versus* força interior, fé, aceitação, renúncia... e mais. Na verdade, esse processo é tão importante e significativo para a sua vida em geral, que sugiro que você comece a encarar o problema que está enfrentando hoje como um veículo de crescimento espiritual e de transformação em todas as áreas da sua vida, e a solução desta questão em particular como sendo meramente uma possível conseqüência de tudo isto.

Meu objetivo neste livro é resolver o seu problema até o pôr-do-sol e também fazer com que você se ajuste de forma harmoniosa à ordem invisível. Você pode pensar nessa ordem invisível como a força universal da vida, como o Tao, como seu Eu superior ou como Deus. Independentemente da maneira pela qual você se refere à ordem invisível, você é um elo numa corrente cujo começo e o fim são um mistério. Você está encarregado aqui e agora de uma missão sagrada: entrar em sintonia com a energia vital do divino. Esse é seu estado natural, uma condição que surge facilmente quando você afasta as ilusões e os temores que bloqueiam os canais, deixando sua vitalidade se manifestar com clareza e determinação.

Portanto, o que foi que Dan e eu decidimos? Depois de matutar *ad nauseum* sobre os prós e contras de mudar *ou* ficar, decidimos dedicar um dia da nossa vida ao material do processo que irei ensinar neste livro. Resumindo, decidimos ir ao nosso hotelzinho preferido no campo.

No caminho, quando vimos, estávamos passando por um trecho particularmente maçante da rodovia. Passamos por uma placa de trânsito.

Passamos por uma vaca. E, então, sem nenhuma razão aparente, tive a resposta que demorou quinze anos para surgir.

"Por que não dar uma chance para Nashville?"

Por que não dar uma chance para *Uma Solução ao Pôr-do-Sol?*

Carol Orsborn
Nashville, Tennessee

É pelo infinito que estamos ávidos, e aproveitamos de bom grado cada pequenina onda que prometa nos levar a ele.

— Havelock Ellis

PRIMEIRA HORA

*Estabeleça
Seu
Objetivo*

Um

A Ciência dos Milagres

O barão Wen Chi, contemporâneo de Confúcio, disse que sempre pensava três vezes antes de agir. Quando Confúcio soube disso, disse: "Pensar duas vezes é mais do que suficiente."

Você gostaria de solucionar até o entardecer de hoje aquilo que mais o está incomodando? Você acha que seria preciso um milagre?

Dê a si mesmo um dia — um dia na sua vida atribulada — e posso lhe ensinar sobre milagres.

O que é um milagre? É um acontecimento extraordinário que está além das suas expectativas e experiências de vida. Não é racional. Não é previsível. Está além do seu controle.

Não posso lhe ensinar como fazer um milagre acontecer — mas posso lhe ensinar a criar um ambiente propício a ele. Para isso, você terá que abandonar sua maneira habitual de lidar com os problemas e dar um crédito a uma abordagem completamente nova. Essa nova abordagem é o processo da *Solução ao Pôr-do-Sol*, uma série de técnicas, exercícios e instrumentos que você mesmo conduz no seu próprio ritmo, quando quiser, e à sua própria maneira. Várias pessoas que seguiram os processos descritos neste livro fizeram conquistas, conseguiram soluções e aumentaram suas perspectivas — tanto no nível interior quanto no exterior. Algumas fazem essas conquistas como um clímax no final de um dia de trabalho; outras se deparam com uma torrente de respostas apenas pelo fato de ler este livro

— antes mesmo de começarem a pôr em prática os processos descritos nestas páginas. Para essas pessoas, o fato de estabelecerem um determinado objetivo, de deixarem de lado sua vontade pessoal e de se abrirem para receber inspiração de forças invisíveis leva a soluções espontâneas. Em outras palavras, elas estão permitindo que suas emoções, sua psique e seu espírito se sintonizem com as leis não escritas do universo.

Essa teoria não é nova. Na verdade, no início do século, um grupo de estudiosos — cientistas, psicólogos, teólogos e filósofos — criaram uma teoria que molda a compreensão que temos de tais fenômenos até mesmo nos dias de hoje. O conceito que eles tinham sobre o papel da inspiração na resolução de problemas se aproxima de forma extraordinária da maneira como os cientista atuais descrevem os sistemas neurológicos que participam do processo criativo de solucionar os problemas.

Em 1902, o filósofo William James escreveu em sua obra clássica *The Varieties of Religious Experience*:*

> A mente é um sistema de idéias, cada qual com o excitamento que desperta e com tendências impulsivas e inibitórias que se verificam ou se reforçam mutuamente. O grupo de idéias se altera por subtração ou por adição no decorrer da experiência e as tendências se alteram à medida que o organismo envelhece... Uma nova percepção, um choque emocional repentino ou uma ocasião que expõe a alteração orgânica, fará toda a estrutura se encaixar.

O professor E. D. Starbuck, contemporâneo de James, achava que o aparecimento inesperado de uma inspiração, de um lampejo intuitivo ou de uma solução assemelha-se ao aparecimento repentino da ponta de um *iceberg*: os novos pensamentos, idéias e informações que surgem na nossa consciência foram incorporados gradualmente, num nível *inconsciente*, desenvolvendo força suficiente para irromper na nossa mente cotidiana. Vivemos esse momento de clareza como uma conquista. De repente temos um lampejo intuitivo e uma perspectiva maior para resolver nossos problemas.

---

* *As Variedades da Experiência Religiosa*, publicado pela Ed. Cultrix, São Paulo, 1991.

O *I Ching*, o antigo "Livro das Mutações" chinês, que inspirou o filósofo Confúcio, lançou mão de palavras poéticas para expressar essa crença, há três mil anos. De acordo com o *I Ching*, a experiência da vida é como o nível da água subindo por trás da parede de uma barragem. Do outro lado, parece que absolutamente nada está acontecendo. Contudo, basta uma última gota para fazer com que a água passe para o outro lado e se transforme num rio que flui livremente para a próxima etapa da sua jornada.

Esse exemplo serve para ilustrar como muitas pessoas que utilizam o modelo de *Uma Solução ao Pôr-do-Sol* na abordagem dos seus problemas chegaram a soluções repentinas no decorrer do dia. Como de modo geral se trata de pessoas de grandes realizações, elas que têm dificuldade para arranjar tempo em sua agenda sobrecarregada para fazer o tipo de trabalho interior indicado neste livro, de certa forma está passando da hora de elas reformularem radicalmente sua maneira de pensar. Enquanto sua mente comum rotineira se ocupa dos negócios, seu subconsciente reúne fielmente novas evidências, dados, experiências e idéias. Talvez elas tenham até mesmo lido muita literatura espiritualista e psicológica, e tenham tido inúmeras experiências com outras maneiras de abordar os problemas — e, no entanto, ainda enfrentam um problema de resistência.

Esse trabalho precioso não foi desperdiçado. Tudo de que essas pessoas precisam é dessa última gota. Dedicando um dia de sua vida agitada para pôr em prática o processo deste livro, *você* estará criando a ocasião que tornará possível uma conquista.

Isso não irá simplesmente acrescentar novas informações a um sistema já sobrecarregado — um sistema que, muito provavelmente, representa um modelo linear em que mais informações resultam numa organização maior. Pelo contrário, o episódio final que leva ao tipo de conquista a que estamos nos referindo causa a reconfiguração orgânica e maciça do sistema para uma forma de realidade completamente nova.

Para investigar isso de forma mais profunda, recorremos à linguagem científica atual. Em seu livro *Religion and the Individual*, os pesquisadores da área de psicologia Daniel C. Batson, Patrícia Schoenrade e Larry W. Ventis explicam que todos nós formamos nossa percepção da realidade por meio da classificação e diferenciação das nossas experiências. Organizadas de maneira hierárquica, as idéias e percepções secundárias e menos importantes se agrupam em torno de princípios organizadores mais gerais e abstratos. A lógica — as formas comuns, rotineiras e racionais com que abordamos os problemas — atua *dentro* do contexto dessas hierarquias, da maneira como elas estão organizadas no momento. Os pesquisadores afirmam:

> Quando nos deparamos com um problema que exige princípios organizadores num nível mais elevado de complexidade conceitual do que desenvolvemos, ele parecerá insolúvel... A criatividade melhora a organização cognitiva... Essa não é uma transformação lógica... Ao contrário, no pensamento criativo as próprias estruturas cognitivas, os mesmos sistemas dentro dos quais o pensamento refletido, racional e lógico é possível, são modificados.

Quando Dan e eu tínhamos nossa agência de relações públicas em São Francisco, lembro-me de uma dessas experiências de reconfiguração. Depois de vários anos de parceria produtiva com um cliente — um famoso hotel — o diretor de marketing disse que não estámos tendo idéias novas. Isso aconteceu na época da guerra entre o Irã e o Iraque, quando os negócios iam mal — não apenas para nosso cliente, mas para todas as empresas ligadas ao ramo de viagem e lazer e sediadas em São Francisco. Achamos que a acusação era injusta e infundada. Na verdade, essa era apenas a manifestação de uma tendência que vinha se acentuando. Com as exigências econômicas da guerra, sentimos que não apenas o nosso relacionamento com o cliente ficou mais tenso, mas também as relações dentro do próprio hotel.

Tentamos discutir isso com o cliente, mas fomos enviados de volta para as pranchetas para produzir idéias novas. Levamos nossos funcionários para um retiro de fim de semana no hotel e fizemos tudo o que estava ao nosso alcance para ter uma idéia brilhante que nos ajudasse a manter essa conta. Estudamos os planos promocionais dos concorrentes e pesquisamos estratégias clássicas de marketing. No fim do dia, esgotada, vazia e exausta, saí para dar uma volta perto do hotel. Admirei a paisagem, colocando meus problemas momentaneamente em segundo plano. Depois de algum tempo, vagamente consciente de que o crepúsculo indicava que havia chegado a hora da última rodada de debates, retornei em direção ao prédio, sentindo-me instantaneamente apreensiva.

Entretanto, inesperadamente, na esteira dessa onda negativa de emoções, percebi que eu havia passado o dia inteiro — e na realidade vários dias das semanas e meses anteriores — tentando resolver o problema errado. Meus pensamentos se reorganizaram espontaneamente em torno de um novo centro. No seio da reorganização, estava a lembrança de uma época, alguns anos antes, quando a principal revista especializada em relações públicas escreveu um artigo entusiasmado sobre a nossa agência, comentando nosso Silver Anvil, o maior prêmio concedido no nosso ramo. Lembro-me de pegar esse artigo, amassá-lo e jogá-lo no lixo. Não significava nada para mim. Alguma coisa havia saído errado na minha vida, mas eu não sabia o quê. Nossos escritórios e nossa casa eram uma prova evidente do nosso sucesso. Mas tudo isso parecia apenas mais espaço para preencher — um vazio escancarado e voraz que exigia que eu continuasse investindo minha energia vital em *seu* benefício e não no meu.

Enquanto eu hesitava na trilha do jardim que me levaria de volta aos meus funcionários, de repente pensei em algo que nosso consultor de negócios nos dissera algum tempo antes. Len Gross era um sábio que havia se "aposentado" do ramo da propaganda, e a quem eu sempre recorria nos momentos em que a vida se tornava particularmente difícil. No dia em que amassei aquele artigo, nos reunimos para uma consulta. Eu vinha me queixando sobre um ou outro desfecho infeliz. "A vida não é justa", lembro-me de lamentar, esperando o fluxo habitual de palavras inspiradas de Len, que no passado haviam nos ajudado a decidir sobre assuntos que iam desde os sistemas de contabilidade até os salários dos funcionários. Esperei ansiosa sua sabedoria.

Ele se virou para mim, fixou os olhos sábios e afáveis nos meus e disse:

— E...?

E...? Não compreendi bem o que ele quis dizer. Porém, isto ficou gravado. Agora, aparentemente, a injustiça das exigências do diretor de marketing do hotel tinha sido a última gota que eu precisava para entender finalmente a mensagem de Len. Bem, se a avaliação dele estava correta, não importa o quanto eu tentasse agradar esse cliente, o quanto eu corresse, o quanto forçasse meu cérebro, eu nunca faria o suficiente para garantir que essa situação funcionasse. A vida não é justa. Mas se isso era verdade significava que eu estava livre para abandonar todos os velhos métodos com que vinha administrando meu negócio. Talvez a pergunta não fosse por que não conseguíamos apresentar a solução criativa certa para o hotel — mas sim, por que permanecíamos numa situação tão prejudicial ao espírito? Todos os meus pensamentos passaram a girar em torno dessa nova idéia — desse novo centro. Não era o tipo de solução que eu havia esperado — mas era a solução que a situação exigia. Cancelamos a conta do hotel no dia seguinte.

Todo o tempo o meu desejo tinha sido fazer o melhor para a agência. Os velhos pensamentos giravam em torno da idéia de que a melhor maneira de fazer isso era agradando o cliente. O novo centro era composto de pensamentos mais produtivos: "O que alimentará a nossa vitalidade para que não precisemos nos matar por causa de situações injustas e irracionais?"

Tanto os pesquisadores clássicos da área de psicologia como os modernos salientam que as estruturas do conhecimento variam em grau e qualidade de pessoa para pessoa, assim como variam de acordo com o nosso estágio de desenvolvimento. O crescimento — a experiência de ir em busca da realização do próprio potencial — é o processo pelo qual as estruturas menos adequadas do conhecimento de uma pessoa são substituídas por estruturas que oferecem mais flexibilidade e adaptabilidade. Em outras palavras, quando você tem um problema, como aquele que está na sua mente hoje, é esse crescimento que está sendo exigido de você.

O problema, portanto — em especial aquele que você deseja solucionar hoje —, é na realidade um ponto de acesso para os limites externos dos mecanismos interiores dos seus sistemas cognitivos — exatamente o lugar onde o crescimento e a transformação podem acontecer. Talvez você se sinta pressionado a tomar uma decisão sobre sua carreira, sobre seus negócios ou sobre questões de relacionamento. Talvez você tenha se deparado de repente com uma situação problemática — ou esteja relutando para lidar com alguma coisa há bastante tempo. Talvez esteja com uma sensação forte de que algo não está certo — ou tenha que fazer uma opção, e fazer rápido. No final desta seção você terá a oportunidade de definir exatamente qual é o seu ponto de entrada nesses recessos mais profundos da consciência. Antes de prosseguirmos, entretanto, tenho que adverti-lo de que, na nossa cultura, é preciso mais coragem e empenho para se dispor a realizar o trabalho interior necessário a fim de solucionar o seu problema até o pôr-do-sol do que muitas pessoas estão dispostas a investir. Você não acredita em mim? Então, experimente fazer o seguinte:

Imagine que você está cheio de coisas para fazer. (Isso não deve ser muito difícil.) Você tem prazos a cumprir. Seus filhos ou animais de estimação estão exigindo atenção. Sua cara-metade está se sentindo negligenciada. A casa está uma bagunça. Você está em frangalhos e esgotado. E agora você tem um dia. *Hoje.* O que fazer com ele? Cenário número um: Deixe este livro de lado e trabalhe feito um condenado da manhã até a noite tentando fazer todas as coisas e deixar todo mundo feliz, na esperança de ter tudo sob controle de uma vez por todas. Cenário número dois: Encontre um lugar calmo na sua casa ou, melhor ainda, longe de casa, onde possa fechar a porta, tirar o telefone do gancho e fazer o trabalho interior que esses processos exigem de você. Que cenário exige mais coragem e mais empenho — o cenário número um ou o cenário número dois? Aquele que exigir mais coragem é o que você deve fazer hoje.

Não vou me fazer de rogada. Presumo que você tenha escolhido o cenário número dois, aquele em que você reserva um dia calmo para si mesmo e que o conduzirá à solução que verdadeiramente procura. Do contrário você terá apenas mais um dia dedicado a pôr panos quentes sobre o caos da sua vida que implora por uma transformação, quando o que você realmente precisa é reordenar a própria trama do seu ser.

Entretanto, acredito realmente que algumas ocasiões exigem uma ação do tipo "Eu posso fazer isso, posso me atirar de cabeça, posso fazer o que for preciso". Se estiver tentando tirar A nos seus exames finais, por exemplo, não recomendo que explore suas estruturas cognitivas inconscientes na véspera das provas. Há ocasiões em nossa vida em que temos que nos mostrar à altura da situação. O problema é quando fazemos isso e depois nos esquecemos de recuar. Nós nos habituamos a atropelar nossos sentimentos e medos, tentando cada vez mais e com mais empenho, manipulando, conduzindo e fazendo ainda mais. Será que esta é uma daquelas ocasiões em que você deveria simplesmente colocar o ombro na roda e empurrar? Se você realmente não sabe, pode usar esta como a questão que gostaria de resolver até o pôr-do-sol: a necessidade de esclarecer se o problema que está enfrentando hoje deveria ser abordado pelas estratégias racionais voltadas para a ação que você empregou no passado ou pelas novas abordagens muito mais arriscadas para as quais eu o conduzirei. Mas você provavelmente já sabe a resposta. Por que continuar a fazer aquilo que já sabe que não funciona para você? Chegou a hora de tentar algo novo.

Você está pronto para "perder" seu tempo, ter a impressão de não alcançar o seu potencial, de desmoronar, negligenciar suas responsabilidades, desapontar as outras pessoas — só por um dia?

Você ainda está aí? Ótimo. Porque agora que eu lhe disse o quanto é difícil, vou apresentá-lo a algo ainda mais assustador.

Se quiser realmente resolver seus problemas, você não tem outra alternativa senão prosseguir. Segundo as palavras de William James "Existem limites de possibilidades superiores e inferiores, estabelecidos para a vida de cada pessoa". Apenas quando estamos dispostos a "tocar os nossos limites superiores e viver no nosso próprio centro mais elevado de energia" podemos ter esperanças de atingir o potencial espiritual da nossa vida. Encontre o centro mais elevado possível — a configuração mais sofisticada do seu conjunto de conhecimentos, de acordo com quem você é nesta altura da sua vida — e você se sentirá pleno. Contente-se com menos e a vida perde a vitalidade, as emoções desaparecem e os problemas aumentam de proporção. Você tem que estar disposto a fazer o jogo da vida de maneira a tornar possível a satisfação do seu potencial espiritual ou ela parecerá enfadonha e sem esperança.

Porém, dê um passo em direção ao crescimento do seu caráter e do seu espírito e todas as coisas se tornam possíveis para você.

Dois

Como Explodir os Circuitos

*Na conversão e na calma estaria a vossa salvação;
na tranqüilidade e na confiança estaria a vossa força.*
— *Isaías 30:15*

Você é um ser único, complexo e dinâmico. Sua vida interior é tão fascinante quanto as circunstâncias à sua volta. Aqueles que se preocuparam apenas em ter sucesso no mundo, na maioria das vezes, sacrificaram o tempo e o espaço necessários para se familiarizarem com esse imenso recurso interior. Como meu primeiro professor de redação gostava de dizer: "Você é como uma tigela de sopa de legumes! — quando pára de mexer, todas as coisas boas vão para o fundo". Os exercícios que compartilharei com você hoje são como uma grande colher. Mergulhe-a e veja o que vem à tona. Sua inspiração e a sua resistência serão encontradas lá embaixo, no fundo da tigela. Digamos que você adore cenouras mas odeie cebolas. Se não estiver disposto a tolerar as cebolas, não comerá as cenouras. Você tem que encarar sua vida assim como encara a tigela de sopa. Tem que estar disposto a tomar de tudo.

É melhor abordar os processos que vou lhe apresentar sem nenhuma expectativa preconcebida a respeito de quais possam ser as experiências do seu mundo interior. Se seguir minhas instruções, neste momento, não importam os resultados que alcançar em qualquer ponto desse processo, estará fazendo exatamente aquilo para o que nasceu. A qualquer momento você pode tornar-se consciente de uma nova energia, uma percepção repentina maior, uma sensação de objetivo renovada e/ou conquistas intelectuais, espirituais e emocionais. Porém, compreenda que uma boa parte do material a que você terá acesso não é fácil de trabalhar. Se a qualquer momento se sentir exausto ou frustrado, ponha tudo de lado e retome mais tarde. Faça uma caminhada. Tome um banho quente. Se os sentimentos não arrefecerem por si só, procure a ajuda de um amigo, de um professor ou de um conselheiro espiritual ou psicológico que esteja preparado para auxiliá-lo. Quando se deparar com algo incômodo — lembranças, consciência sobre si mesmo ou sobre sua situação — lembre-se disto: Para ser bem-sucedido, primeiro você tem que estar completamente vivo.

Para ficar completamente vivo, você precisará desenvolver uma faculdade que foi depreciada no passado. Esses seus aspectos menosprezados é que podem dar um curto-circuito nos seus processos racionais, deixando sua sabedoria interior emergir espontaneamente para o consciente. Qual é essa faculdade poderosa? *A capacidade de relaxar.*

Pense na sua vida por um momento. Pense em quanto esforço e energia você gasta. Nas artes marciais, um golpe que use apenas essa energia voluntariosa torna-se frágil e rígido — fácil de desviar. Se você assistir a um filme de Bruce Lee, observe como ele é gracioso e flexível. O segredo das artes marciais não é ser forte o tempo todo. Pelo contrário, o mestre deixa o braço frouxo enquanto o levanta e o afasta do corpo. A força se concentra apenas no fim, numa explosão final de energia. Esse é o golpe eficaz — o contraste entre relaxamento e tensão.

A primeira vez que aprendi essa técnica alguns anos atrás, quando tentava conquistar minha própria faixa marrom no karatê, percebi que minha vida era só tensão: só força, empenho, energia e vigor. Faltava relaxamento, eu precisava me soltar. Não havia dinâmica na minha vida. Eu tinha uma força e um potencial muito maiores do que estava usando. Você mesmo pode ver como isso funciona visualizando um golpe físico. Imagine as possibilidades que podem existir para você se aplicar mentalmente o princípio da força *relaxada*.

O princípio do contraste dinâmico nas artes marciais remonta há milhares de anos. As recentes pesquisas e teorias neurofisiológicas revelam que o cérebro tem dois lados contrastantes, dois hemisférios cerebrais dinamicamente distintos. Completando o que escrevi antes, os cientistas afirmam que o hemisfério esquerdo do cérebro é responsável pela lógica, pela linguagem e pelos pensamentos lineares. É o hemisfério do cérebro que processa as informações. Quando você está tentando descobrir como resolver um problema, está trabalhando com o hemisfério esquerdo do cérebro. Durante o estágio preparatório do seu processo criativo, você utiliza esse hemisfério para fazer listas, reunir informações e tentar com afinco encontrar uma solução.

Assim como no exemplo do golpe, em que a força sem relaxamento se mostra ineficaz, a estratégia do hemisfério esquerdo do cérebro sem os dados do hemisfério direito é insuficiente para o processo criativo de solucionar problemas. Felizmente, existe um segundo estágio, chamado de estágio de incubação. Os pesquisadores que estudaram a criatividade e aplicaram a teoria da especificidade dos hemisférios afirmam que, durante esse segundo estágio, o hemisfério esquerdo do cérebro abandona seu controle, deixando que o hemisfério direito, menos dominante, reorganize as estruturas cognitivas. Como afirmamos anteriormente, é essa reorganização que resulta em soluções e em maiores perspectivas. É nesse estágio de incubação que se forma a base do processo de solução proposto neste livro.

Esse relaxamento pode ser um passo importante no processo de solução de problemas e pode ser ilustrado com um exemplo retirado da nossa própria vida. Pense no dia em que colocou um objeto importante no lugar errado. Você tentou se lembrar de onde o tinha colocado. Pensou em todas as possibilidades. Repassou várias vezes tudo o que fez naquele dia. Será que deixei aqui? Ali? Finalmente, esgotado, você desiste. Você se distrai com outros aspectos da sua vida e, então, minutos ou horas depois, sentado diante da lareira ou lavando a louça, de repente vem à sua mente. É claro, está no bolso do casaco!

O processo que lhe pedirei para desenvolver em breve irá quebrar artificialmente o domínio do hemisfério esquerdo do seu cérebro a fim de inserir as dinâmicas de relaxamento que mencionei. No melhor de todos os mundos, eu lhe pediria para meditar por uma hora. Através da meditação, aprendemos a quebrar os comandos napoleônicos do hemisfério esquerdo do cérebro com a abençoada liberação do vazio. Ela é extremamente eficaz. Você deveria meditar. Deveria se levantar todos os dias, como muitos monges, às quatro horas da manhã, e ficar sentado durante várias horas olhando para uma parede branca. Deveria fazer isso durante anos. Você se sentirá bem. Valeria a pena o tempo e o esforço.

Entretanto se, como eu, você chegou ao fundo do problema que quer resolver hoje, esquecendo-se de alguma forma de treinar como deveria através de uma intensa prática de meditação, há algo mais que você pode fazer. A tradição zen criou outro processo capaz de desfazer seus métodos cognitivos normais — mas trabalhando *com* os seus processos de pensamento em operação e não *contra* eles. Em vez de lutar contra suas tendências naturais, pedindo a você para não pensar em nada, quero que pense em tudo. Quero que se farte com o seu problema, que deixe sua mente se entregar a ele completamente. Esse processo é chamado de "Estabeleça o Seu Objetivo". Quero que arranje um monte de folhas de papel e algo para escrever. Encontre um lugar onde possa ficar confortável por dez minutos. Desligue o telefone e feche a porta. A próxima seção lhe dirá como começar.

Processo: Estabeleça o Seu Objetivo

Qual é o seu objetivo hoje? Qual é o problema ou questão que está na sua mente e o que você espera realmente solucionar? Nos próximos dez minutos eu gostaria que você escrevesse sem parar, sem tirar a caneta do papel, a não ser para virar a folha. Escreva tudo o que lhe vier à mente. Não comande seus pensamentos — siga-os. Por exemplo, talvez você comece querendo descobrir a melhor maneira de pedir um aumento ao seu patrão, depois voe com seus pensamentos para a lista de supermercado de amanhã e termine expressando o quanto está preocupado com a saúde da sua mãe.

Se não souber o que escrever, escreva "Estou empacado, ainda estou empacado, mas que droga, estou empacado", ou o que quer que lhe venha à mente. Se acha que esse processo é estúpido, escreva "Isto é estúpido, odeio isto; eu deveria estar fazendo alguma coisa mais útil". Se realmente não souber o que escrever, ou se sentir que não consegue tirar do caminho sua mente obstinada e racional habituada a estabelecer metas, passe a caneta para a mão em que você tem menos habilidade. Escreva sobre como é difícil escrever com a outra mão. Passe esse pensamento para o papel — esse pensamento — esse pensamento. Não corrija os erros. Continue a escrever o mais rápido que puder, sem parar, durante os dez minutos.

Esse processo tem o potencial de ligar seus desejos externos conscientes com os elementos mais profundos que começam a surgir, naturalmente e sem esforço, quando você coloca de lado seus pensamentos racionais.

✶ *Resista à tentação de prever onde esse processo o levará.*

E agora: Comece.

Três

Pontos de Acesso

Cenouras ou cebolas? Você está mexendo, mexendo, mexendo sua tigela de sopa. Será que a solução do seu problema sobe facilmente para a superfície do seu consciente com esse processo? Algumas vezes sim. Lembro-me de conduzir um seminário em que um senhor de idade viúvo queria vencer o medo que o impedia de realizar o sonho da sua vida: vender a casa, comprar um barco e passar o resto da vida navegando pelos canais e rios da Europa. Durante esse primeiro processo, notei que lágrimas rolavam pelo seu rosto. Depois de dez minutos, ele foi para a frente da sala para compartilhar sua experiência. Ele havia começado a escrever sobre quanto queria ir à Europa, mas logo a namorada de muitos anos surgiu na sua mente. Seguindo o pensamento, começou a escrever sobre como iria sentir a falta dela se vivesse essa grande aventura. Presa a uma cadeira de rodas, ela não poderia acompanhá-lo nesse sonho. Então, de repente, ele surpreendeu sua caneta escrevendo as palavras "Eu a amo. Quero ficar com ela toda a minha vida. Quero me casar com ela. Esse é o verdadeiro sonho da minha vida."

Você também queria uma cenoura. Sei disso. Mas será que em vez disso pegou uma cebola — algo que não gostaria de encarar neste momento mas que, no entanto, é o ponto de acesso para o trabalho interior das suas estruturas cognitivas? Você pensou que seu problema era decidir se comprava um jeep novo ou um Lexus usado — e no entanto descobre que na verdade está pensando se o olhar que seu patrão lhe deu no outro dia (até agora você não se tinha dado conta de que havia reparado nele) poderia significar que seu emprego está ameaçado.

Ou pior: você não teve surpresas — será que sua mente racional permaneceu no controle, orientando o que você escrevia para explorar mais e mais os mesmos elementos velhos e desgastados ou provocou um branco, recusando-se a deixar o hemisfério direito do seu cérebro entrar em ação? Isso não seria de admirar, embora seja desapontador, tenho certeza, dados os preconceitos negativos que a sociedade tem contra a liberdade de uma mente errante. Nossa cultura não confia nesse grau de liberdade, rotulando-a como "fantasia" ou "devaneio", desprezando-a por considerá-la como improdutiva ou indisciplinada.

Esse desdém é compreensível, devido à complexidade e à concentração que muitas das funções de trabalho exigem hoje de nós, seja operando máquinas numa fábrica ou realizando um procedimento cirúrgico. Espera-se que estejamos conscientes, presentes e alertas. Porém, existe um impedimento ainda maior à nossa capacidade de libertar nossos pensamentos para explorar livremente a intuição e a criatividade: a ética calvinista. A eficiência racional do método científico que tanto permeia a nossa vida profissional, quando combinada com a ética calvinista, segundo a qual a mente de uma pessoa iria entregar-se às suas inclinações degenerativas, abandonar Deus e cair na depravação, caso não fosse contida, é suficiente para refrear diariamente o espírito de muitos de nós. A solução de Calvin era desencorajar a ociosidade, o devaneio e o espírito lúdico. A Época do Iluminismo nos estimulou a nos rendermos sem reserva à supremacia do ambiente exterior através do método científico.

Essa é a ética que vigora hoje em dia no ambiente de trabalho moderno, que considera as longas e estressantes horas de trabalho como sinal de comprometimento sério. Isso explica por que, quando você é surpreendido olhando atentamente pela janela no meio do expediente, seu patrão presume que você não tem trabalho suficiente para fazer. As pessoas que saem do trabalho num horário razoável no fim do dia, que fazem um intervalo para o almoço e tiram férias são suspeitas. Desligue o computador que fica ligado o dia inteiro ou se recuse a responder o telefone celular por algumas horas e provavelmente você será preterido na hora de uma promoção.

Com esse preconceito social, não admira que você tenha demorado tanto para se dispor a dar uma chance ao hemisfério direito do cérebro. Espero que este livro o convença de que, em vez de torná-lo menos produtivo e mais condescendente, o fato de encontrar um equilíbrio entre as duas esferas irá na realidade melhorar não apenas sua capacidade de desempenhar as funções no dia-a-dia — mas também sua vitalidade em geral.

Lembre-se: até mesmo suas resistências e imperfeições podem ser um ponto de acesso para o processo apresentado neste livro. Por exemplo, talvez você esteja se sentindo frustrado neste momento porque deu o melhor de si nesse exercício, embora não pareça que foi o suficiente. Não resolveu seu problema ainda? Não deparou com seus elementos mais profundos? Mas essa conscientização também é um ponto de acesso, pois muitas vezes é através da dor que encontramos esse acesso.

Certa vez, entrei numa Igreja Unitarista para entregar um pacote a uma amiga que acabara de perder o emprego inesperadamente. Estava me sentindo péssima por causa dela quando avistei um quadro-negro onde estavam escritas as sete palavras mais verdadeiras que já li: "Um coração partido é um coração aberto".

Precisamos desse tipo de lembrete. É um antídoto bem-vindo ao heroísmo mal-orientado das últimas décadas. Há um lado negro no pensamento positivo, no movimento de conscientização e na literatura de auto-ajuda (muito da qual se aproxima mais da linha da ética calvinista do que jamais imaginamos). A crença de que poderíamos ser sempre bons, espertos e espirituais o bastante para fazer com que nossa vida seguisse sempre da maneira que desejamos é uma falácia. Aprendemos a assumir a responsabilidade pela nossa saúde, pelo poder de criar e curar as doenças. Medite bastante, coma muitos alimentos orgânicos, participe de muitos seminários, "estabeleça o seu objetivo" da melhor maneira, siga o seu coração apaixonadamente e seus sonhos se transformarão em realidade.

Contudo, quando acreditamos que temos a capacidade de controlar o que nos acontece através dos nossos atos, ficamos presos no hemisfério esquerdo *faça tudo/faça acontecer* do nosso cérebro. Nós nos transformamos numa sociedade de super-realizadores e acreditamos que apenas tentando com afinco podemos fazer com que tudo saia de acordo com a nossa vontade, de uma vez por todas. Para aqueles mais bem-sucedidos, a sedução é maior, pois sempre parece que, se eles puderem dar um pouquinho mais — tentar com um pouquinho mais de afinco, fazer um pouquinho melhor — podem conseguir tudo.

Porém, estou aqui para dizer que a inquietação, a insegurança e a dor é que lhe dão acesso aos recursos internos onde a verdadeira experiência de sucesso — que você tem tentado alcançar com tanto empenho — pode ser encontrada. Desta vez, em vez de tentar mascarar a dor com um paliativo, descubra dentro de si mesmo a capacidade de sentar-se em quietude com a complexidade e a imperfeição e não se sinta compelido a encontrar soluções superficiais.

Neste exato momento, existem oportunidades incríveis na linha do seu horizonte, mas você não consegue vê-las. Por quê? Porque você tem concentrado todas as suas energias para se manter no rumo e eliminar todos os obstáculos que aparecem no seu caminho, para poder alcançar o objetivo que você estabeleceu para si próprio. Tudo o que a sua ambição impulsionadora fez foi limitar seu campo de visão, como antolhos num burro, forçando-o a correr mais e mais através das mesmas estradas surradas.

John Adams, um dos fundadores dos Estados Unidos, aconselhou: "A mente tem de estar relaxada". Você tem que soltar o controle — se não conseguiu fazer isso durante o próprio processo, faça-o agora. Quem se importa como você se saiu nesse primeiro exercício? Pare de julgar seus resultados. Deixe que seus pensamentos e experiências mostrem na verdade que esse processo, essa resposta, esta vida não são simplesmente o seu show. Você certamente pode exercer influência e ter um impacto sobre o curso da sua vida. Mas será que pode controlá-la?

Deixe de lado o controle, e velhos medos provavelmente virão à tona, assim como velhos vínculos e perguntas sobre quem e o que você é — como será recebido — como fará. Será que você vai realmente resolver seu problema até o pôr-do-sol? Questões de sobrevivência parecem estar em jogo. Talvez você se pergunte: *O que aconteceu com a pessoa feliz que eu costumava ser? Será que estou indo muito fundo? Por que fico tão nervoso e aborrecido com tudo? Será que estou abrindo caminho para um*

lugar maravilhoso — ou me desgastando à toa? Será que posso ter sentimentos tão confusos e ainda me sair bem?
Durante algum tempo você pode se sentir aterrorizado. Talvez se magoe várias vezes. Talvez pense que perdeu a capacidade de se proteger. Abrindo-se, você deixa toda a dor entrar e sair — mas parece não progredir. Você se sente novamente como um adolescente, dando vazão aos sentimentos, como fazia antes de erguer essa fachada, essa parede de proteção que lhe foi útil por tanto tempo. Essa parede está se abrindo agora devido à força do seu próprio crescimento, e isso é doloroso.

No entanto, até mesmo no meio da escuridão há uma vozinha lá dentro lembrando-lhe de que a vida não é uma habilidade a ser dominada com maestria, mas *uma aventura a ser vivida*. Uma vez eu ouvi Scott Peck dizer que a saúde psicológica e espiritual de uma pessoa é medida pelo número de crises que ela pode suportar na vida. Você está pronto para essa enorme transformação — desenvolvendo sua capacidade de assumir esse nível de risco. O fato de ter escolhido este problema de hoje é uma prova de que seu apetite por mudanças já aumentou. Atinja novos níveis de poder, um poder que vem apenas quando se está disposto a encarar o medo e a prosseguir de qualquer maneira. Quando você reconhecer que prefere arcar com o ônus de ser consciente a ser privado de uma autêntica experiência, saberá que fez progressos na sua jornada.

Uma abertura para um leque maior de experiências de vida o faz interagir com suas estruturas cognitivas e transformá-las e é, ao mesmo tempo, a essência da criatividade. Em *Religion and the Individual*, Batson Schoenrade e Ventis afirmam:

> Na criatividade, as estruturas cognitivas que a pessoa utiliza para pensar sobre o mundo são mudadas. Essa reestruturação cognitiva leva à criação de uma nova realidade para ela.

Chegou a hora de buscar esse nível de criatividade com relação ao seu problema. Você não pode se dar ao luxo de esperar que as circunstâncias da sua vida lhe tragam a experiência de sucesso que procura. Primeiro é preciso estar disposto a pagar o preço do que significa estar completamente vivo, abrindo-se para um leque mais amplo de experiência de vida.

Uma pessoa que se dispôs a pagar o preço foi Donald Marrs, que na época era vice-presidente e diretor de criação da Leo Burnett Company, uma das maiores agências de propaganda do mundo. Seguindo os apelos da sua voz interior, ele abandonou a segurança da sua carreira no ramo da propaganda para ir em busca do sonho de trabalhar na indústria do cinema. Mudou-se de Chicago para Hollywood e vendeu a casa para financiar essa transição. Sua esposa, bastante adaptada à comunidade em que vivia, sentiu-se confusa com essa mudança. Tão confusa, na verdade, que acabaram se divorciando. Hollywood também provou não ser o paraíso que Donald esperara. Depois de consumir todas as suas economias, ele acabou vivendo da boa vontade dos amigos, perguntando-se se a maré de azar nunca iria terminar. A história de Donald não é uma história bonita, pois em seu livro honesto e tocante, *Executive in Passage*, ele revela que o processo de crescimento nem sempre é organizado da forma como gostaríamos. Porém, Donald tomou várias vezes o caminho que lhe acenava com uma esperança de crescimento. Depois de várias tentativas e erros, encontrou uma mulher que o amou e compreendeu esse processo desordenado que ele estava atravessando. Finalmente, Donald reconstruiu sua vida — não o glamouroso estilo de vida hollywoodiano que imaginara, mas um muito mais satisfatório do que o emprego e a vida que deixara para trás.

Em *Executive in Passage*, Donald escreve sobre o que foi preciso para estababelecer um novo relacionamento com a sua vida:

> Era como se a natureza tivesse dito: "Então quer mudar sua vida? Bem, as leis da realidade suprema permitirão, mas você tem que estar disposto a se mudar para um território inexplorado, por uns tempos. Quando sair do velho território, apagará as leis rígidas que um dia o governaram e durante um certo período não terá uma direção certa a seguir. Portanto, aqui está um aviso: enquanto apaga as velhas leis e descobre as novas, você conhecerá o vazio... Você só terá sua estrela interior para guiá-lo. Porém, se persistir e estiver disposto a enfrentar qualquer desafio, verá que é o próprio ato de vencer os

desafios e superar os medos que substituirá as velhas regras, com a sabedoria necessária para criar a nova vida que você procura".

Às vezes você se dispõe a seguir os ditames do seu coração — a única condição é que o espaço de tempo entre o ato de agir e o de receber a recompensa por tê-lo feito não seja maior do que você acha razoável. Quando age dessa maneira, é como se você fosse amigo dos seus apelos interiores apenas nas horas boas. Você dá graças a Deus, ao universo e ao seu próprio bem — mas apenas se as coisas acontecerem da maneira que imaginou. Porém, faça a mais tímida tentativa de agir de maneira autêntica — e não conseguir o que deseja de imediato — e vai ser o primeiro a abandonar o navio. Ah, você diz, *acho que ouvir minha voz interior não funciona mesmo. Você conhece algum processo bom, seguro e aborrecido ao qual que eu possa recorrer, como os que deixei para trás, que oferecem alívio temporário mas deixam as principais questões praticamente intocáveis?*

Algum tempo atrás, viajei pelo país para promover meu último livro. As coisas estavam indo muito bem, eu estava fazendo palestras e dando entrevistas. Porém, quando cheguei em Los Angeles, alguma coisa desandou. Minhas esperanças de participar de alguns dos melhores programas de rádio foram por água abaixo. Os jornais passaram em brancas nuvens. Eu havia depositado todas as minhas esperanças no compromisso que meu editor agendara num dos mais famosos programas de entrevista matinal da TV. Sentada na sala de espera atrás do palco, minha mente vagava entre o prato de biscoitos à minha frente, minha própria preparação interior para a entrevista que eu iria dar e as notícias do momento, mostradas através de um monitor de TV num canto da pequena sala gelada.

Quando, finalmente, a assistente de produção veio me buscar para as luzes do estúdio de gravação, eu a segui de bom grado. Em poucos segundos estava sentada ao lado do entrevistador, com o microfone colocado na lapela e já nas apresentações. O entrevistador virou-se para mim e disse:

— No seu livro, você deu um exemplo de técnica de meditação que pode ser feita à mesa de trabalho. Pode me ensinar?

— Claro! Gostaria que encontrasse um ponto em algum lugar distante no espaço e concentrasse seu olhar nele, com suavidade. Está bom. Agora inspire devagar e...

Antes que pudesse instruí-lo a soltar a respiração, ele se levantou exaltado — os cameras corriam ao redor do estúdio — o microfone foi arrancado da minha lapela. O que eu havia feito? Será que o entrevistador estava tendo um ataque do coração?

O que aconteceu é que, em algum lugar de Los Angeles, um cavalo havia caído numa vala. A estação de TV tinha conseguido chegar primeiro no local. Perdi para um cavalo!

Nem preciso dizer que fiquei aborrecida. Não conseguia me libertar da sensação de que se tivesse sido mais eficiente, se fosse mais famosa, se o assunto estivesse mais animado, eu poderia ter me imposto sobre o cavalo. O que teria sido preciso para que minha mensagem fosse mais importante do que um cavalo caído numa vala? Eu queria essa questão resolvida antes da minha próxima entrevista. Na verdade, eu queria isso resolvido até o pôr-do-sol. Depois de repassar várias vezes os acontecimentos daquela manhã, dei-me conta de que os processos comuns do hemisfério esquerdo do meu cérebro estavam remoendo o passado inutilmente. Então, seguindo meus próprios ensinamentos, decidi colocar meu problema de lado e induzir o hemisfério direito do meu cérebro a operar uma mudança.

Em resumo, decidi levar meu eu deprimido para passar uma tarde na Disney e assistir ao famoso show de fogos. Em pouco tempo, eu estava sentada às margens da Adventureland lagoon, minha depressão sobrepujada pelo drama de uma batalha cinematográfica clássica entre o Bem e o Mal, projetada numa grande névoa que pairava sobre a minha cabeça. Iluminada pelo brilho dos fogos e dos raios laser, eu nunca havia me sentido tão pequena, surpresa e admirada diante do impressionante potencial do universo, desde que assisti, na infância, a primeira demonstração de fogos de artifício. O incidente do cavalo parecia ter sido há muito tempo, num lugar distante — e era até mesmo, verdade seja dita, um pouco engraçado. Comecei a me sentir melhor comigo mesma e com relação à situação.

Então, de repente um sentimento de tristeza tomou conta de mim: será que é preciso tudo isso, todos esses bilhões de dólares em tecnologia e a genialidade de Walt Disney para impressionar e manipular, para que eu entenda que existem forças mais poderosas em ação no universo do que meus míseros esforços para controlar as coisas que me acontecem? Havia alguma coisa nesses dois encontros — um de dor e o outro de assombro — lembrando-me do modesto papel que desempenho no panorama global das coisas. Naquela manhã havia um cavalo numa vala. Agora era celulóide na névoa. A experiência está sempre batendo à porta, nos implorando para colocar de lado a ilusão arrogante de poder, a fim de permitir que a verdadeira aventura se desenrole.

Uma história clássica retirada da tradição da ioga ilustra essa idéia. Uma mística hindu bateu de porta em porta, implorando por comida e abrigo. Ninguém na aldeia abriu a porta para essa estranha. No final, com frio e faminta, ela foi para as montanhas, fora da aldeia, para passar a noite. Tremendo, abrigou-se embaixo de uma árvore. Na hora mais fria antes do amanhecer, de repente ela acordou — a lua cheia iluminando seu rosto. A árvore havia florescido e gloriosas flores brancas voltavam-se para a luz da lua. A mística chorou de alegria e gratidão, abençoando os aldeões por lhe terem virado as costas. Não fosse por eles, ela teria deixado de viver a experiência da sua vida: seu coração se abrindo para a riqueza do universo e transcendendo seus esforços atribulados para sobreviver, em favor de um raro lampejo do mistério.

Quando a riqueza da sua vida interior torna-se tão desafiadora e fascinante quanto o ambiente externo, você descobre que a preocupação com seus problemas — a idéia de que as soluções têm que surgir de qualquer maneira — torna-se menos importante. Isso não quer dizer que você não irá gostar de respostas fáceis e que não as obterá de vez em quando. Mas seu critério para o sucesso não mais se baseará no fato de elas chegarem ou não na hora que você planejou. É claro que haverá desafios pela frente — estou certa de que você passará por momentos de arrependimento e mal-estar. Porém, se conseguir encarar essas coisas como pontos de acesso, você pode começar a conhecer a solução que surge quando se percebe que a própria vida é um processo e não um objetivo. Você tem adiado a experiência de satisfação até que os resultados finais estejam computados? Se estiver esperando que suas soluções o façam feliz, a satisfação que procura continuará a lhe escapar. Sempre haverá alguma coisa mais que terá que realizar primeiro.

Agora você pode deixar de lado sua busca por um objetivo e substituí-la pela percepção mais profunda de que a verdadeira necessidade de seguir o "caminho interior" sempre traz consigo um sentimento de retidão, muito mais verdadeiro e confiável do que qualquer ilusão de sucesso que você sempre esperou realizar possuindo, fazendo, realizando e controlando. Se quiser verdadeiramente que as suas soluções tragam a satisfação que sempre almejou, primeiro você tem de se entregar ao processo da sua vida — independentemente de quais sejam as circunstâncias à sua volta. Com bastante disciplina e prática, você pode aprender a sentir como se seu objetivo já tivesse sido alcançado, a despeito da realidade externa. Então, quando acontecerem coisas boas com você, elas não serão mais um critério de satisfação, mas mera conseqüência — aquilo que acontece com você enquanto se ocupa em viver a sua vida.

Os velhos paradigmas usados para solucionar problemas ensinavam as pessoas a passar por cima dos próprios sentimentos a fim de alcançar suas metas. O mundo interior era desvalorizado à medida que o sucesso era definido pelos níveis de realizações externas. Nesse velho paradigma, a lógica, a vontade própria e a força bruta eram os principais instrumentos para se chegar a uma solução. A curto prazo, sempre parecia que a pessoa tinha solucionado seus problemas — mas, na maioria das vezes, o sucesso provava ser ilusório a longo prazo. Isso acontece porque a vida é um processo em contínua transformação e não uma realização estática.

Aqueles que almejam resolver seus problemas fazendo com que as circunstâncias externas sejam da maneira que eles querem estão fadados a passar a maior parte da vida frustrados com a incapacidade de resolver seus problemas de uma vez por todas.

A nova abordagem que estou compartilhando com vocês ensina às pessoas que estão tentando resolver algum problema a irem além da lógica, da vontade própria e da força para abarcar um mundo maior de possibilidades. Nesse paradigma, você aprende a equilibrar a necessidade que o hemisfério esquerdo do cérebro tem de dominar e controlar, com a disposição do hemisfério direito de se render completamente ao processo de viver a vida intensamente. Você aprende a usar seus recursos espirituais interiores — tais como a fé, a aceitação, a paciência, a criatividade e a inspiração — para assumir a experiência do sucesso que pensava ser possível apenas através das soluções externas.

Ironicamente, livrando-se da sua velha maneira de solucionar problemas, você descobre que suas perspectivas são as melhores. A criatividade e a intuição vêm à tona, levando-o a realizações extraordinárias. Questões que esperam solução há anos perdem a resistência "num toque de mágica". Você pode passar da ansiedade causada pelo medo dos seus problemas para a certeza de estar profundamente ligado a um processo de resolução que garante o sucesso que você verdadeiramente procura.

Segunda Hora

Delimite a Descida

Quatro

Alimente Seus Demônios

*Ainda que Ele me mate, Nele confiarei;
contudo, defenderei os meus caminhos diante Dele.*
— Jó

Na visão moderna do mundo, dor é sinônimo de fracasso. Somos uma sociedade que trabalha arduamente para se proteger de tudo o que cause mal-estar. A medicação de balcão é uma indústria multimilionária. A venda do Prozac, a droga antidepressiva, bate recordes de vendas. A pessoa que passa por emoções negativas é vista como "problemática". Aquela que sente dor se pergunta onde foi que ela errou.

No método aqui proposto, a dor não é encarada como um fracasso mas como um veículo que o conduzirá ao seu próximo centro mais elevado. Vamos relembrar as três premissas em que este livro se baseia:

Primeira Premissa: Existe uma ordem invisível no universo.

Segunda Premissa: Nosso bem supremo consiste em nos ajustarmos de forma harmoniosa a essa ordem invisível.

Terceira Premissa: Tudo o que nos impede de nos sintonizarmos com o universo é acidental e pode ser superado.

É para o processo de superação que voltamos nossa atenção neste momento. Vimos nos capítulos anteriores que, a começar pelos filósofos e psicólogos do início do século, a ciência moderna vem estudando a questão de como podemos expandir nossas faculdades para solucionar os problemas. William James o caracterizou como um processo que tende a causar dor.

A evolução normal do caráter consiste principalmente na organização e na unificação do Eu interior. Os sentimentos mais elevados e os mais desprezíveis, os impulsos úteis e os equivocados começam sendo um caos comparativo dentro de nós — eles têm que acabar formando um sistema de funções estável em subordinação correta. O período de organização e luta costuma ser caracterizado pela infelicidade.

Mestres espirituais de diferentes épocas, credos e perspectivas, como James, não viam a dor como algo ruim a ser evitado, mas sim como uma etapa importante e necessária para a completa maturidade espiritual. Essa interpretação espiritual da dor tem muitos nomes. Alguns a chamam de "vazio". São João da Cruz, do século XV, a chamava de "noite escura da alma". Independentemente de como você se refere a ela, a pessoa a sente como um período entre o que passou e o que virá. Dentro da sua escuridão, não há limites nem fronteiras. Quando se está dentro dela, parece que não terá fim. Felizmente, existem muitos "sobreviventes" que viajaram através do nada e emergiram mais vivos, mais integrados, mais ligados às possibilidades da vida, por causa da experiência e não a despeito dela. O vazio, afinal de contas, talvez seja o melhor lugar para que a reorganização dos processos cognitivos se realize, pois é nele que a pessoa está menos cercada pelas estruturas que antes restringiam o significado da sua vida.

No vazio, as formas que antes eram empregadas na solução dos problemas não funcionam mais. Porém, na noite escura, até mesmo esse desajuste, ao mesmo tempo que se soma à dor, pode levar ao crescimento. William James nos ensina que o alívio dos nossos problemas muitas vezes é "uma felicidade mais corriqueira". O estado espiritual, segundo ele, é possível para aqueles que têm coragem suficiente para atravessar o vazio, não em busca de uma solução artificial ou de fuga, *mas de mais vida*.

A experiência a que James se refere repercute na literatura dos judeus místicos, que chamam a pessoa disposta a se envolver nesse nível de participação de *"tzaddik"*, um líder justo. De acordo com o grande professor hassidista Rabbi Nashman, o verdadeiro tzaddik é permanentemente um *Baal t'shuvah* — um penitente sem pecado que implora perdão por não ter atingido um nível espiritual mais elevado do que aquele que já alcançou. A insatisfação é o estado que faz com que o tzaddik saiba quando está na hora de fazer um novo esforço para crescer. Permanecer no mesmo nível espiritual, não importa o quanto ele possa ser elevado, é considerado pecado.

Lembro-me de um incidente em particular que deu início a uma noite escura na minha vida. Nossa empresa de relações públicas havia acabado de conquistar um dos melhores clientes de São Francisco — o principal complexo de lojas da cidade, Embarcadero Center. Éramos bons, estávamos por cima, no topo do mundo. O complexo abriu uma nova ala — e nós mandávamos e desmandávamos na imprensa: manchetes de jornais, matérias nos noticiários noturnos, anúncios de página dupla em revistas. No final, chamada ao escritório do diretor de marketing, eu esperava uma gratificação e um aperto de mão. Em vez disso, fui dispensada. Muito obrigado, mas não precisamos mais dos seus serviços.

Isso não acontece com um mestre do universo. Mas aconteceu comigo. A notícia me deixou atordoada. Pela primeira vez, vi o lado cruel da premissa mecanicista da minha vida, que tanto me ajudara até aquele momento: trabalhe com afinco e será recompensada. A ética calvinista. Agora, de repente, percebi que havia um lado muito ruim nessa afirmação, pois, logicamente, se eu estava sendo recompensada quando aconteciam coisas boas, então quando alguma coisa saía errada provavelmente eu estava sendo punida.

Onde foi que eu errei? Essa era uma pergunta difícil, que encerrava a promessa vazia de que sempre haveria algo que eu poderia fazer — mais ou melhor — e que iria determinar tudo o que me acontecesse. Eu preferiria ter continuado na crença de que esse acontecimento estava relacionado com alguma falha da minha parte a considerar a outra opção: de que existem limites para minha capacidade de influenciar a realidade e que eu estava fadada a sofrer injustamente de tempos em tempos. *Castigue-me, se quiser, pois no castigo encontra-se a esperança de correção e a conseqüente recompensa. Porém, não me faça enfrentar o desespero das minhas próprias limitações humanas.* No entanto, esse acontecimento era tão improcedente e injusto que minhas tentativas corajosas de me manter firme cederam e caí no vazio. Muitos dos acontecimentos ocorridos nos anos que se seguiram a esse incidente foram detalhados em meus livros anteriores: como reavaliei o tempo e a energia que vinha investindo no meu trabalho, em contraposição a outros aspectos negligenciados da minha vida (*Enough is Enough*); como comecei a usar minha empresa como uma experiência, testando abordagens de produtividade novas, mais humanas e espiritualistas em mim e em meus funcionários (*Inner Excellence*); como redefini o sucesso, estabelecendo que ele estava menos relacionado com o atropelo dos sentimentos e dos valores para alcançar um objetivo do que com o crescimento do meu caráter e do meu espírito, acreditando que minhas maiores realizações viriam como conseqüência do processo (*Como Confúcio pediria um aumento de salário?*). Eu não sabia, na época da nossa demissão, que, através da experiência desesperada de respirar o ar da noite, eu estaria, inconscientemente, moldando uma nova carreira, uma nova visão de vida e dos meus problemas, um novo senso de propósito e uma sensação de vitalidade.

Estudando a literatura espiritualista, identifiquei cinco estágios pelos quais temos de passar para atravessar o vazio. Apesar de tê-los numerado, eles não são lineares. Cada um deles contém todos os outros e, em qualquer estágio, tudo pode ser percebido simultaneamente. Os estágios da noite escura da alma são:

1. Disposição para Descer

Neste primeiro estágio, você compreende que o fato de ter problemas que resultam em dor, indecisão e vulnerabilidade nada tem a ver com o que está errado em você, mas sim com o que está certo. Na psicologia, essa fase é conhecida como "preparação", e nasce da sua incapacidade para resolver o seu problema usando suas velhas estruturas de conhecimento. Em vez de resistir à dor, você percebe que as suas emoções estão lhe dando um ponto de acesso para os seus aspectos mais profundos, onde as transformações e conquistas podem se realizar. É preciso ser corajoso para se envolver no nível de questionamento que emerge do vazio.

Um homem que enfrentou a dor de livre e espontânea vontade para crescer foi Jacó, filho de Isaac. Tenho certeza de que você se lembra da história bíblica sobre Jacó e seu irmão Esaú: como Jacó usou uma pele de cordeiro para simular os pêlos do braço do irmão e roubar a bênção de seu pai cego e confiante, bênção esta que destinava-se ao seu irmão. Daí em diante, Jacó subiu a escada do sucesso, continuando a viver no mundo da fraude, trapaceando, traindo e também sendo ludibriado e traído pelos outros. Quando chegou na meia-idade, havia constituído uma família grande e bonita, tinha riqueza, posição e não apenas uma esposa, mas duas. Longe das lembranças do pai e de Esaú, olhava para o mundo como se o possuísse. Porém, uma coisa suas manipulações astutas não conseguiram lhe dar: solução.

Como sempre acontece nas histórias de cunho espiritual — bem como na nossa vida, se fizermos as perguntas certas e estivermos dispostos a nos envolver nas verdadeiras lutas — os anseios do nosso coração podem ser atendidos. Para Jacó, eles foram atendidos num lugar de declive profundo chamado de rio Jaboque. Depois de reunir todas as suas posses, ele embarcou no que esperava ser um caminho de reconciliação com o pai e o irmão. Quando terminou de descer o desfiladeiro até o rio, era noite alta. Alguma coisa fez com que ele enviasse sua caravana para a escuridão da outra margem do rio, ficando para trás. Não havia crianças para distraí-lo. Não havia cabeças de gado para contar, nem mulheres para cuidar. Sozinho, sem os seus pertences, ele foi desafiado por um espírito que veio lutar com ele. Durante toda a noite lutou com sua dissimulação, com o desejo de dominar e controlar, com a vergonha e o medo em forma desse espírito divino. Lutou com a imperfeição da sua própria condição humana — essa discrepância dolorosa que todos sentimos de vez em quando entre o modo como esperamos que os outros nos vejam e a versão imperfeita da realidade que tememos ser.

Finalmente, o sol se levantou, como sempre. A luta terminou, mas não antes que Jacó compreendesse o quanto lhe custou a decisão de fazer qualquer coisa que fosse preciso para encontrar a solução. Ele que durante tanto tempo procurara apenas passar triunfantemente por cima dos outros, envolveu-se numa luta que o deixou capenga, exausto e implorando que Deus o abençoasse. O importante é que ele estava disposto a lutar — disposto a ser vencido. Afinal de contas, era mais importante encarar a verdade sobre si próprio e assumir o compromisso doloroso de tentar melhorar, mesmo que isso significasse que não poderia mais manter as aparências.

Porém, como Jacó é humano, acredito que foi forçado a lutar com outra questão nessa noite. Ele realmente recebeu a bênção de Deus no final — e foi se encontrar com seu irmão Esaú, que o abraçou e perdoou. Portanto, talvez tenha sido levado também a perdoar a si mesmo pelas próprias falhas. Talvez essa seja a lição mais difícil de aprender. Será que você consegue enxergar toda a verdade sobre si mesmo — suas falhas e imperfeições — e, enquanto faz votos sinceros de melhorar no futuro, continuar a viver com vigor, esperança e empenho, sabendo muito bem que, por ser humano, sempre haverá uma discrepância entre os seus ideais e a sua realidade?

A experiência de Jacó nos faz lembrar que podemos enganar outras pessoas, cometer erros e distorcer nossos valores, mas quando nos dispomos a assumir nossas emoções nesse nível de integridade, nos envolvemos numa luta à nossa altura. Você pode ser forçado a se debater com o desespero das suas próprias imperfeições enquanto ser humano — e, no entanto, optar por viver. Isso dá início ao segundo estágio.

2. Rendição Incondicional

Nossa reação inicial é evitar ou resistir à dor. Por outro lado, os santos, os místicos e os gurus nos ensinam que não é *afastando-a*, mas sim *mergulhando* dentro dela que encontramos a maneira mais rápida de superá-la. Ficamos dispostos a sentir a dor completamente e fazer todas as perguntas, confiando que, livrando-nos das velhas estruturas, estamos abrindo espaço para que algo melhor tome o seu lugar. Na psicologia, esse é o estágio da incubação — a desistência da tentativa de resolver o problema usando formas que funcionavam no passado.

Pema Chodron, diretor do Gampo Abbey, o primeiro mosteiro tibetano da América do Norte construído para os ocidentais, exemplifica essa idéia com a história de Milarepa, que pertencia à linhagem de Kagyii do budismo tibetano.

Milarepa era um eremita que vivia sozinho havia muitos anos nas cavernas do Tibete, tentando se aperfeiçoar através da meditação. Uma noite, voltando à caverna depois de recolher lenha para fazer uma fogueira, descobriu que demônios haviam se apoderado da sua morada. Um dos demônios lia seu livro, outro dormia na sua cama. Estavam em toda parte. Esperando controlar a situação, Milarepa teve uma idéia: ensinar-lhes sobre espiritualidade. Sentou-se num lugar mais alto do que eles e começou a falar sobre compaixão. Os demônios simplesmente o ignoraram. Furioso, ameaçou-os. Eles simplesmente deram gargalhadas. Finalmente ele desistiu e sentou-se no chão da caverna junto com eles, rendendo-se ao fato de que, como não iriam embora, teriam que aprender a viver juntos.

Nesse momento eles foram embora — todos, exceto um. (Tem sempre um — aquele que você mais teme.) Reconhecendo a necessidade de rendição total, Milarepa teve apenas um último recurso. Caminhou e entrou na boca do demônio. Ele literalmente deu a si mesmo de comer ao seu demônio. Nesse momento, o demônio partiu, deixando Milarepa só, mas transformado.

3. A Reivindicação dos Direitos

Chega um momento, quando se está atento, em que a rendição se transforma em protesto. Temos o direito de ter um relacionamento com Deus e com o universo, coerente com a nossa vida. Temos direito à eqüidade, à estabilidade e à justiça. Nem sempre temos essas coisas.

Minha amiga Melissa me telefonou de São Francisco. Ela era uma das minhas "companheiras de seminários", alguém que estava sempre em busca da perfeição espiritual, que sentia prazer em explorar as várias maneiras que as pessoas através dos tempos e em várias culturas têm procurado compreender e entrar em contato com a "ordem invisível".

Participamos juntas de muitas aulas e seminários, experimentando um pouquinho de várias tradições espirituais clássicas, juntamente com um verdadeiro banquete de ofertas de consciência interior, psicológica e psíquica, da época. Sempre nos orgulhamos de percorrer a estrada menos trilhada.

Melissa e eu não nos falávamos havia algum tempo, mas eu compreendi imediatamente que ela ainda estava às voltas com um problema persistente que a acompanhara durante todas as suas experiências interiores. Como sempre, seu intelecto acenava com possibilidades espirituais, mas suas emoções se debatiam com o fato de que, aos 38 anos, ela ainda não tinha encontrado sua alma gêmea. Ela estava ansiosa para encontrar um bom companheiro e sentia-se terrivelmente solitária. Sua voz chegou até mim das profundezas do abismo. Perguntei-lhe se tinha uma Bíblia em casa. Ela pensou que eu estava brincando. A última coisa que ela achava que precisava era de palavras de conforto e de fé. O que queria era uma solução. Pedi-lhe que fosse paciente e abrisse a bíblia no Salmo 88.

Senhor Deus da minha salvação,
Diante de ti tenho clamado de dia e de noite;
Chegue a minha oração diante de tua face,
inclina os teus ouvidos ao meu clamor;
Porque minha alma está cheia de angústias,
e minha vida se aproxima da sepultura
Já estou contado com os que descem à cova,
estou como o homem sem forças,
Posto entre os mortos, como os feridos de morte que jazem na sepultura,
dos quais não te lembras mais, antes os exclui a tua mão.
Puseste-me no mais profundo dos abismos, em trevas e nas profundezas...

Ela estava esperando pelo desfecho, pelo final feliz. Mas o Salmo 88 prosseguiu por mais doze versos de prosa melancólica, terminando com: *Afastaste para longe de mim amigos e companheiros; os meus amigos íntimos agora são trevas.*

O que eu queria compartilhar com ela? Essa era a maneira de fazê-la se lembrar de que os sentimentos de desespero que estava sentindo não eram exclusivos dela, mas pertenciam a todos os tempos e a todas as épocas.

O Salmo 88 é o espírito vivo fazendo valer seus direitos. Alguém se envolve na luta, exigindo o direito de entender sua relação com o universo. Temos que nos dispor a fazer as perguntas importantes e sentir as grandes emoções, independentemente de onde nossas perguntas possam nos levar. A escritora e crítica inglesa Katherine Mansfield, que faleceu em 1923, escreveu em seu diário:

> Não existe limites para o sofrimento humano. Quando alguém pensa: "Cheguei ao fundo do poço — não posso ir mais fundo", vai ainda mais fundo. É sempre assim... Não quero morrer sem deixar registrada a minha crença de que o sofrimento pode ser superado. Pois acredito realmente nisto. O que se deve fazer? Não há dúvidas de que o que chamamos de "ir além" é falso. É preciso sujeitar-se. Não resistir. Assumir. Ser tomado. Aceitar totalmente. Fazer com que se torne parte da vida... A agonia de agora irá passar — se não matar.

O Salmo 88 chamou a atenção de Melissa. Pouco depois ela me pediu que lhe enviasse um rascunho deste livro, para que pudesse testar os processos em seu próprio problema persistente. Quando fez o exercício que irei ensinar a seguir, ela fez uma grande conquista. Mas antes de falar mais sobre a experiência dela, quero que você próprio faça o exercício.

Uma última reflexão antes que você continue sua própria descida. Joseph Campbell, numa conversa com Michael Toms, da rádio Novas Dimensões, contou que estava cativado por uma citação de *La Queste del Sainte Graal*, a história do Graal. Os cavaleiros do rei Artur estavam sentados à mesa, mas ele não deixou que a comida fosse servida até que uma aventura tivesse ocorrido. Com toda certeza, algo maravilhoso ocorreu. O Graal apareceu para eles, carregado de poderes angelicais e coberto por um véu. Em seguida, desapareceu abruptamente. O sobrinho de Artur, Gawain, propôs que os cavaleiros perseguissem o Graal para vê-lo sem o véu. E assim eles partiram.

As frases que tanto emocionaram Campbell foram as seguintes: "Eles acharam que não seria bom prosseguir em grupo. Cada um deles entrou na floresta que havia escolhido, onde não havia trilha e estava mais escuro".

Campbell prosseguiu: "Ora, se há um caminho ou uma trilha, trata-se do caminho de outra pessoa... O que se desconhece é a realização da sua própria vida singular, que nunca existiu semelhante em toda a face da Terra. E você é o único que pode fazer isso. As pessoas podem lhe dar dicas de como cair e de como se levantar, mas quando cair e quando se levantar e quando você está caindo e quando está se levantando, só você pode saber".

O processo a seguir chama a atenção para algo até mesmo mais grandioso do que a estrada menos trilhada. Ele chama a atenção para o caminho que nem mesmo foi aberto ainda.

Neste ponto, interromperei temporariamente os cinco estágios para que você possa executar o processo da segunda hora. Completaremos a exposição dos cinco estágios quando você terminar.

 Processo: Delimite a Descida

Durante esta segunda hora, sua única tarefa é sentir as suas emoções de forma plena. Coloque uma música inspiradora no aparelho de som. Se tiver uma lareira, acenda-a. Feche as portas para ter total privacidade. Deixe-se levar profundamente pelos seus sentimentos. Não escreva. Não leia. Não faça nada. Apenas sinta.

Se estiver com raiva, tente bater num travesseiro. Se estiver triste, tenha um monte de lenços por perto. Se não estiver conseguindo sentir suas emoções, fique furioso com isso! Cada vez que uma emoção se manifestar, tente dar um nome a ela. Os budistas tibetanos têm um método com o qual vêem Buda em tudo. Quando se está com medo, esse é o Buda do temor. Quando se está ansioso, esse é o Buda da ansiedade. Quando não se sente nada, esse é o Buda do nada. Continue mexendo o caldeirão. Mais cedo ou mais tarde, alguma coisa terá que vir à tona. É hora de parar de ziguezaguear ao redor dos pontos dolorosos: Está na hora de ir direto onde dói mais. Deixe-se desmoronar.

Talvez você pense que faz isso o tempo todo. Que essa tarefa vai ser fácil. Você está sempre ansioso ou furioso ou alguma outra coisa. Porém, o que você faz sempre é deixar apenas as sombras dessas emoções virem para a superfície — pequenos suspiros, fungados, pequenas arfadas deprimidas. Apenas a quantidade de emoção que você sabe que pode controlar com segurança.

O que é preciso aqui é exaurir as suas emoções.

Mas se você se deixar desmoronar, será que vai se recompor novamente? Você sabe que tem se mantido inteiro com alfinetes de segurança. E se você se desintegrasse, desaparecendo dentro da noite escura da alma para nunca mais voltar? Como é que iria resolver seus problemas até o pôr-do-sol?

Eis a resposta. Você vai delimitar sua descida. Para os fins do processo que estou conduzindo, você se entregará às suas emoções durante toda uma hora. Marque o tempo desse processo, estabelecendo um início e um fim. Coloque o despertador se estiver com medo de que, sem um lembrete, você possa desaparecer dentro do nada. A hora é toda sua. Não julgue o processo ou o seu progresso. Simplesmente, passe esse tempo com um objetivo na mente: ser o mais autêntico que puder. No final dessa hora, iremos juntos para a próxima etapa. É hora de começar.

Cinco

Você Pode Confiar nas Suas Emoções?

*Qualquer tentativa de causar uma boa impressão, uma aparência favorável
— arruinará instantaneamente o efeito. Mas fale a verdade,
e todas as coisas vivas ou brutas serão testemunhas, e as próprias
raízes da grama, nas entranhas da terra, parecerão realmente
agitar-se e avançar para depor a seu favor.*
— Ralph Waldo Emerson

E é isto o que acontece quando você expressa suas verdadeiras emoções, o universo parece movimentar-se no seu eixo. Você pode encontrar uma solução para o problema que escolheu hoje, usando o processo que acabou de realizar. Daqui a pouco, relatarei a solução de Melissa — junto com vários outros relatos de transformações que se deram com esse processo.

Porém, antes de fazer isso, temos de abordar várias questões importantes que podem ter lhe ocorrido nessa última hora. Você pode confiar nas suas emoções? Consegue diferenciar as suas verdades das suas encenações teatrais? Como tem certeza do que está realmente sentindo? O que significa ser autêntico?

Certamente você se lembra da exposição que fiz, nos primeiros capítulos deste livro, sobre a abordagem oriental para romper os circuitos racionais do hemisfério esquerdo do cérebro: esvaziar a mente dos pensamentos pela meditação. Em vez disso, propus que você fosse para o outro extremo: que sobrecarregasse os circuitos, entregando-se aos seus pensamentos em vez de tentar sufocá-los.

O mesmo extremo se aplica com relação às nossas emoções. Na filosofia oriental, as emoções são consideradas um produto da razão. Como você se recorda, nossos processos racionais se desenvolvem e funcionam pela comparação. Para a filosofia oriental, essa dualidade da comparação é a fonte de toda emoção negativa. Estou infeliz *porque* preferia alguma outra coisa. Estou furiosa *porque* gostaria que as coisas saíssem de um jeito, mas estão saindo de outro. Estou envergonhado *porque* sei que deveria ter agido de uma maneira, mas agi de outra.

Se não existisse comparação, não existiria emoção negativa. Se você conseguisse sufocar a dissonância, o que lhe restaria seria a própria experiência essencial. É na experiência de "estar no presente" que você se rende a qualquer acontecimento sem julgamento.

A história quintessencial que ilustra essa idéia é a de um monge Zen que vivia perto de uma aldeia no Japão. Uma jovem da aldeia teve um filho fora do casamento. Quando os pais a pressionaram para saber quem era o pai da criança, ela acusou falsamente o monge. Os pais levaram o bebê até o monge e exigiram que ele cuidasse da criança. A resposta dele foi: "Tudo bem". Durante vários anos ele cuidou com muito carinho da criança. Ela era muito bonita e levou muita alegria para a sua vida e para a dos aldeões. Quando a mãe da criança viu o quanto a criança era especial, arrependeu-se de tê-la dado. Então, finalmente, contou aos pais quem era o verdadeiro pai. Eles então foram procurar o monge e levaram a criança de volta para casa definitivamente. A resposta do monge foi: "Tudo bem".

Tão difícil quanto esse nível de renúncia é imaginar — quanto mais praticar — que seu valor pode ser ilustrado por uma experiência que me foi relatada recentemente por um amigo, um conferencista inspirador. David foi convidado para fazer uma palestra para um grupo de executivos da indústria de defesa sobre o tema "Como motivar interiormente os Empregados". A palestra, em parte baseada nos meus livros, foi marcada para as 3:30 da tarde. David sabia que a empresa estava passando por um processo radical de redimensionamento — o número de funcionários havia sido reduzido de 4.000 para 1.700 nos últimos anos. Apesar de estar consciente de que havia muita dor na sala, ele não organizou suas idéias de forma a dizer: "Você quer inspirar seus empregados? Primeiro tem de perguntar se você próprio está inspirado. Está disposto a fazer um trabalho espiritual profundo para descobrir qual, na verdade, é a sua experiência autêntica?" David falou sobre o fato de muitas empresas criarem programas de motivação como *band-aids*, para cobrir culturas cheias de desconfiança e de competição desleal.

"Empresas preocupadas com o estado de espírito dos funcionários exigem que eles joguem bilhar depois do expediente para criarem vínculos uns com os outros, quando preferiam estar em casa com a família."

Quando David terminou, a sala estava num silêncio mortal. Ele pediu que fizessem perguntas ou comentários. Ninguém se manifestou. O que é que tinha saído errado? Ele tinha sentido instintivamente que suas palavras causariam impacto sobre os ouvintes. No entanto, suas emoções estavam lhe dizendo claramente que ele havia falhado. David achava que suas emoções eram autênticas e se perguntava seriamente se iria querer falar para uma platéia de empresários novamente.

Porém, ele logo percebeu que as nossas emoções nem sempre espelham a realidade pois, no final, ele obteve várias formas de retorno da platéia. Os comentários foram extremamente positivos. A intuição de David tinha sido correta, mas por que seu receio tinha parecido tão justificado? A resposta a essa pergunta veio escrita em uma das folhas de comentários: "O que você disse é tão verdadeiro e tão doloroso que fiquei sem palavras. Você sabia que a nossa jornada de trabalho vai das 7:30 da manhã às 3:30 da tarde? Pediram que ficássemos para esta palestra".

Os funcionários do departamento de recursos humanos que promoveram o encontro ficaram emocionados com os lampejos intuitivos de David e, depois disso, deram um passo na direção certa. O mínimo que podiam fazer, compreenderam, era promover seminários e reuniões de confraternização durante o expediente de trabalho — e chegaram até mesmo a contratar mão-de-obra temporária para reduzir a carga de trabalho a fim de que os gerentes não fossem mais castigados inadvertidamente, quando a intenção verdadeira era motivar.

No Ocidente, costumamos encarar nossos sentimentos como se eles fossem a própria realidade. O zen ensina que essa confusão é causada pelo fato de que nossas intuições (nossa experiência autêntica da realidade) e nossas emoções (nossas reações diante das experiências da realidade, baseadas naquilo que desejamos) viajam pelos mesmos canais neurológicos. A diferença é que a intuição aceita e responde à experiência "Tudo bem" — enquanto as emoções estão carregadas de desejo, desejo de fazer com que as coisas sejam diferentes (ou se são agradáveis, de mantê-las como estão).

Se nós, no Ocidente, fôssemos realmente capazes de sufocar as emoções, talvez essa fosse a maneira mais eficaz de desobstruir os canais neurológicos, deixando que o nosso saber natural fluísse livremente. Entretanto, assim como sugeri que não tentássemos ainda esvaziar nossa mente, proponho um outro modo de lidar com nossas emoções.

William James explica que existem duas maneiras de nos livrarmos da raiva, do medo, da preocupação, do desespero, e assim por diante. "Uma delas é quando somos tomados por um sentimento oposto, de forma esmagadora, e a outra é ficando tão exaustos com a luta que temos de parar."

Como já afirmei, não podemos fazer com que o "sentimento oposto" tome conta de nós. Podemos apenas criar um ambiente propício para que isso possa ocorrer. Se não podemos sufocar nossas emoções, transcendendo a dualidade do desejo, podemos, pelo menos, nos exaurir com a luta. Podemos começar aprendendo a dizer "Tudo bem" para as nossas emoções.

Prometi contar o que aconteceu com Melissa. Chegou a hora. Ela começou o processo cheia de pena de si mesma, cheia de um sentimento de culpa e vergonha. Achava que era solteira porque havia fracassado como ser humano. Se pelo menos fosse mais atraente, tivesse um temperamento melhor, tivesse optado por morar numa cidade com o maior número de homens disponíveis. Ela percorria incessantemente sua lista de inconveniências, imperfeições e fracassos, comparando as emoções que elas traziam consigo com a verdade da realidade exterior.

Lembrou-se então do Salmo 88. Mas dessa vez percebeu algo que não percebera antes. Por mais melancólicas que fossem as palavras e emoções desse Salmo, o autor estava compartilhando esses sentimentos sombrios dentro do contexto da fé. Era uma fé tão grande que podia expressar fúria e melancolia e saber que até mesmo essas emoções sombrias seriam aceitas pelo divino. Com essa percepção, Melissa compreendeu que o único demônio que ela havia deixado em sua caverna era a relutância em exprimir sua raiva e manifestar seu direito de pedir que o universo fizesse justiça. Nesse instante, em vez de ver o problema como "De que modo posso consertar o que há de errado comigo?", de repente ela começou a encarar a questão como sendo muito maior do que sua própria experiência individual. Percebeu que a pergunta na verdade era: *"Como é que um ser humano imperfeito se reconcilia com um mundo imperfeito?"*

Tive notícias de Melissa várias semanas depois. Inspirada pelo fato de que eu, aos 46 anos, tinha me empenhado na busca do meu doutorado em Teologia na Vanderbilt University's Divinity School, ela decidiu também voltar à escola. Estava se decidindo entre psicologia, filosofia e religião.

Meses depois, ela me escreveu um bilhete dizendo que havia se matriculado num curso de pós-graduação em psicologia. Mencionou, de passagem, que estava namorando um colega e se sentia muito melhor consigo mesma e com suas novas perspectivas. A crise de desespero e incerteza havia passado.

Portanto, com esse grau de confiança em mente, estamos prontos para dar continuidade à nossa reflexão a respeito dos cinco estágios necessários para transpor o vazio.

4. Transfiguração

A transfiguração pode ocorrer independentemente de sua realidade objetiva/exterior parecer, no momento, ter sido alterada. De acordo com a psicologia, esse é o estágio que vem depois da preparação e da incubação, e é chamado de "iluminação" — o surgimento de uma nova organização de conhecimentos que faz com que a pessoa veja os inúmeros aspectos de qualquer problema sob um novo prisma, tornando possível a sua solução. No caso de Melissa, a iluminação se manifestou em vários estágios; um deles, semanas depois, quando decidiu voltar a estudar; outro, meses mais tarde, quando começou a se aproximar mais dos colegas. Assim como uma pedra lançada num lago, o efeito de ondas da mudança para um centro mais elevado pode continuar durante anos.

Os efeitos dessa mudança algumas vezes são notáveis, como no caso de Melissa. Porém, às vezes, como na história pessoal que estou prestes a relatar, são muito sutis. Anos atrás, eu me sentia acuada por problemas. Tinha que fazer um trabalho importante para a escola, meus filhos tinham problemas que requeriam minha imediata atenção, eu precisava tomar uma decisão importante a respeito da comercialização de um dos meus livros e recebi notícias ruins sobre o estado de saúde de um parente próximo. Para piorar a situação, eu não podia contar com a atenção e o apoio que gostaria de Dan, pois ele próprio estava atarefadíssimo. Furiosa com tudo e com todos, bati com força a porta da frente e subi morro acima, para o meu refúgio preferido: o lago Radnor. O lago Radnor é primo do lago Walden, um oásis no meio de Nashville, a um quarteirão da minha casa. Naquele fim de tarde, o tempo ruim combinava com o meu humor. Uma chuva fria batia no meu rosto. As árvores balançavam ameaçadoramente os ramos na minha direção e o vento uivava tão alto que ninguém poderia ter ouvido os meus gritos furiosos, se alguém tivesse sido tolo o bastante para sair de casa numa tarde como aquela. Eu estava tão desesperada que não conseguia imaginar nenhum dado novo, nenhuma percepção nova, nenhuma idéia que pudessem trazer-me algum alívio.

Foi nesse momento da noite mais escura que aceitei que os problemas que estava enfrentando não iriam desaparecer como num passe de mágica — que eu não estava ditando as regras nessa situação — e que eu tinha o direito de ficar com raiva e aborrecida. De repente, compreendi que sempre havia pensado que o meu trabalho tinha de ser estável e alegre — para tirar os membros da minha família de dificuldades e não impor os meus problemas a eles. Eu estava desempenhando um papel que arrasava o meu direito de ser autêntica e plena. Percebi que eu *tinha o direito de estar verdadeiramente aborrecida*. Enquanto o vento fustigava à minha volta, esse pensamento novo e estimulante fez com que eu não me opusesse a ter sentimentos negativos. Eu não tinha o controle das circunstâncias e tinha o direito de estar aborrecida com isso.

O místico cristão do século XIV, Meister Eckhart, descrevendo como essa iluminação pode surgir do nada, escreveu: "Na verdade, é na escuridão que encontramos a luz: portanto, quando estamos aflitos, é lá que essa luz fica mais perto de todos nós".

5. Emergência

A emergência está associada ao estado psicológico chamado de "verificação", em que a pessoa testa a funcionalidade da nova solução na sua vida. Renovada e revitalizada, ela emerge da noite escura da alma, ansiosa para participar por completo da sua vida, a partir de uma perspectiva nova e aprimorada. Com bastante fé, ela acumula alegremente os resultados do trabalho espiritual. Algumas vezes os resultados se manifestam externamente no exato momento em que surgem; outras são deixados para amadurecer, como a uva na videira, para uma futura floração que ultrapassa a sua visão atual. Independentemente do que o destino lhe traz, na emergência você tem a sensação de que o universo está trabalhando *através* de você, na direção de um objetivo maior, muitas vezes de maneiras que estão além da sua compreensão ou do seu controle. Num nível profundo, você aceita por completo que, considerando quem é, de onde veio e as circunstâncias que está enfrentando, você está exatamente no lugar certo e na hora certa, fazendo precisamente as coisas certas da melhor maneira que pode. Você se sente sintonizado com as forças invisíveis que trabalham através de você.

Isso não significa que você seja capaz de fazer com que tudo sempre saia de acordo com a sua vontade. Você cometerá erros. Será mal-sucedido. Porém, quando emergir da noite escura, descobrirá que é capaz de aceitar os fracassos e os desapontamentos que a vida coloca inevitavelmente no seu caminho, sentindo suas emoções de forma total e prosseguindo com ou sem elas. Você terá certeza de que, por mais intricada que sua jornada possa parecer para você e para os outros, você está apenas cumprindo seu destino da maneira mais rápida e mais direta de que é capaz. Apenas a limitação das suas percepções humanas o impedem de ver o grande esquema. Na verdade, não existem becos sem saída. Existem aventuras ao longo do caminho. A vida é um processo, não um objetivo.

Essa é uma vida baseada na fé. Talvez não seja possível justificar a vida dessa maneira — mas essa pode ser a opção mais lógica. Como Joseph F. Byrnes define a fé em seu livro *The Psychology of Religion*: "*A fé é uma operação cognitiva sensata que se baseia em probabilidades*".

Quando você encara a vida desse modo, não precisa mais usar sua energia vital para se proteger da dor. Você se rende às experiências que as circunstâncias lhe trazem, aceitando seus problemas e não resistindo a eles. Quando fizer isso, todo o seu potencial estará disponível para você — potencial para viver, servir e criar.

Em *Leaves of Grass*, Walt Whitman descreve a experiência da emergência:

*Enfrentar a noite, as tempestades, a fome, o ridículo, os acidentes,
os reveses, como as árvores e os animais o fazem, querido Camerado!
Confesso que o incitei a prosseguir comigo, e ainda o faço,
sem a menor idéia de qual seja o seu destino, ou se seremos vitoriosos ou
completamente sufocados e vencidos.*

Esses são os cinco estágios que enfrentamos ao atravessar o vazio. Como você viu, eles correspondem a estágios semelhantes propostos por pesquisadores da área de psicologia. Porém, apesar da sua base científica, eles não são lineares. Não são racionais. Não são nem sequer particularmente conscientes. Não existe realmente nada que você possa fazer para que esse processo aconteça. Na verdade, a única coisa que você pode fazer é estabelecer a sua intenção e se dispor a enfrentar tudo o que aparecer. É preciso coragem para ficar tão aberto às próprias experiências autênticas, ser capaz de penetrar nas próprias ilusões de controle e bem-estar, para ter acesso aos elementos mais profundos da própria consciência.

Se você fez tudo o que podia, dentro da sua capacidade atual, para sentir suas emoções completamente, e ainda não fez nenhum avanço nesta última hora, pode estar tentado a crer que o problema é que você não sentiu suas emoções de maneira suficientemente autêntica. Autenticamente comparado com o quê? Esse é o tipo de pensamento dualístico que a filosofia oriental luta para superar, transcendendo as emoções — e que os ocidentais lutam para superar, exaurindo-as.

Você pode sentir essa emergência no momento em que desiste de julgar suas experiências. Muitas pessoas acreditam que o pensamento positivo é que traz a experiência que queremos. Mas o que acontece quando você fica deprimido? Está fadado ao fracasso? A verdade é que você pode ter uma atitude positiva e ainda assim ficar decepcionado; pode ficar deprimido e daqui a cinco minutos acontecer algo excepcional com você. Qualquer uma das situações o deixa cara a cara com a verdade: que você não controla o seu destino.

Você pode influenciar o seu destino — e certamente deve fazer o possível para que as coisas dêem certo. Mas isso é tudo o que pode fazer. Quando as coisas estão indo às mil maravilhas, é fácil esquecer isso. O melhor desse período de aprendizagem é que você tem a oportunidade preciosa de ver através da ilusão que normalmente bloqueia sua visão — dentro do mistério que está além dela. Lembre-se, não são nem as suas emoções alegres nem as desagradáveis que criam sua realidade. Existem forças em ação na sua vida muito maiores do que seu estado de espírito e suas emoções. Faça o possível para influenciar de forma positiva as circunstâncias que o destino lhe oferece, fazendo tudo o que estiver ao seu alcance da melhor maneira que puder e, então, deixe estar. Isso você pode fazer independentemente de estar triste ou alegre, ansioso ou otimista.

Você pode ter certeza de que você pode usar tudo o que a vida coloca no seu caminho — as coisas que deseja e as que não deseja. Quando parar de fazer pressão, de se esforçar e lutar para que as coisas sejam diferentes, entrará em sintonia com seus poderes invisíveis. Seu processo se tornará o processo do divino, que irá trabalhar através de você.

Assim como David não pôde confiar nas próprias emoções quando fez a palestra para os executivos da indústria de defesa, você não pode confiar nas emoções que o impelem a julgar a si próprio como um fracasso, no processo que acabei de lhe pedir para fazer — ou na sua vida.

O espírito age de forma invisível. Ele é como um rio que flui livremente até encontrar um obstáculo. Ele então pára — acumulando-se, até se elevar o suficiente para passar por cima e alcançar o outro lado. O *I Ching* atenta para o que você observou por si só: "Todo aumento incessante leva a uma conquista". Lembre-se, quando você tenta olhar para a água represada do outro lado da parede não consegue vê-la subindo, até que a última gota faz com que ela passe para o outro lado. Da mesma forma, o trabalho espiritual nunca é desperdiçado. Cada gota contribui para elevar o seu nível. É um processo bastante eficaz. Talvez você ainda não esteja pronto para dizer "Tudo bem" para seus problemas e experiências, mas certamente estará disposto a suspender seu julgamento até o pôr-do-sol de hoje e dar à sua mente laboriosa apenas um dia para tentar resolver seu problema através da nova maneira que estou lhe ensinando.

Você não pode esperar que suas emoções lhe dêem um reflexo acurado da realidade — mas elas têm alguma serventia. Elas representam o caminho para os trabalhos espirituais das suas estruturas cognitivas. Para fazer progressos, o melhor que você tem a fazer é ficar exatamente onde se encontra neste momento, independentemente dos resultados que conseguiu ou não e, então, simplesmente fazer o que vem a seguir.

Terceira Hora

Conte a História da Sua Vida

Seis

O Paraíso Perdido

Mas agora o seu problema foi resolvido; você ainda não o resolveu, mas confia no processo da *Solução ao Pôr-do-Sol*; ou então está se sentindo algo entre desapontado e completamente aborrecido. Para aqueles que se incluem nessa terceira categoria, vamos refletir um pouquinho mais sobre os sentimentos antes de passar para o próximo exercício. Agora você já sabe que eu não acredito que as emoções espelhem a realidade. Porém, isto não significa que você não tenha de lidar com elas no mundo real do seu cotidiano, aqui e agora. Na verdade, suas emoções serão bastante úteis no próximo processo — e no seguinte. O macete é aprender a controlar as emoções — e não deixar que elas o controlem.

O que eu quero dizer com isso? Uma boa maneira de exercer controle sobre seus sentimentos é comportar-se com eles da mesma forma que você se comporta com relação ao tempo. Você sabe que não pode fazer o sol brilhar ou o vento diminuir de intensidade. Se odeia tempo ruim, você se protege o melhor que pode, aconchegando-se ao lado da lareira. Se tem que sair, pega o cachecol ou o guarda-chuva e as botas e sai voando, expondo-se o menor tempo possível e provavelmente resmungando durante todo o percurso.

Talvez você adore uma boa tempestade e calce suas galochas para dar uma caminhada pelo bosque. Nenhuma dessas reações é mais válida do que a outra. A sua atitude e a sua reação dependem exclusivamente de você. Provavelmente você não será julgado pelos outros nem por si mesmo, qualquer que seja a sua reação. Como sabe que não pode controlar o tempo, encara-o como algo que está fora de você e que irá passar.

O mesmo pode acontecer com as suas emoções. O fato de limitar a descida não significa que não terá mais sentimentos. Contudo, pode significar que não precise mais estar à mercê deles. Talvez nem sempre você esteja em posição de controlar suas emoções — mas pode aprender a ir em frente com elas. Uma tempestade pode estar vindo do Oeste a 20 nós. Você pode colocar um bule de chá no fogo e esperar pacientemente que ela passe, pode pegar o guarda-chuva e fugir resmungando, ou pode calçar as botas e brincar nela. Vai passar. O dia de amanhã será parcialmente agridoce, com uma possibilidade de realização. Mais cedo ou mais tarde o tempo ficará mais a seu gosto; faz parte da ordem natural do universo.

O *I Ching* nos ensina que todas as coisas estão em constante movimento, fortalecendo-se ou enfraquecendo-se sem cessar. A noite se transforma em dia, a seca dá lugar à inundação. Ao ser atingido um ápice num ciclo qualquer, ele se transforma espontaneamente no seu oposto. O *I Ching* tira esse conceito da natureza. Chamando a atenção para os ciclos das estações, os antigos chineses reconheceram que toda qualidade contém sua antítese: em pleno inverno os brotos se preparam para nascer. No outono as folhas voltam à terra para fertilizar um novo solo. Da mesma forma, no auge da tristeza uma pessoa pode, de repente, abrir um sorriso em virtude de uma nova perspectiva. No meio da alegria vem uma tristeza inexplicável. O momento em que qualquer sentimento se transforma no seu oposto é um "ponto decisivo". São momentos de oportunidade. Se suas emoções estão na superfície agora, considere-se afortunado. A pessoa sábia aprende a usar esses momentos de ápice para ter acesso aos trabalhos interiores dos seus processos cognitivos.

Não que essa seja uma lição fácil de aprender. Há quase dois anos, antes de nos mudarmos para Nashville, Dan e eu demos uma festa de despedida para os amigos mais chegados de São Francisco. Recebemos vários presentes reconfortantes: molduras em formato de coração com fotos especiais, uma bonita lata de café, uma muda de pão da fortuna, e assim por diante. Não esperava que ninguém me desse um presente que pudesse me aborrecer. Porém, no final da festa, uma das minhas amigas mais queridas e inteligentes deu-me uma estatueta de madeira entalhada retirada da antiga tradição espiritual chinesa. A cabeça da figura estava inclinada desoladoramente sobre seus braços. Eu teria compreendido se minha amiga tivesse dito que era assim que ela se sentia com a minha partida. Porém, em vez disso, o sentimento que acompanhava o presente era a sua esperança de que a figura me trouxesse felicidade em Nashville. Naquele momento, senti que a pequena estatueta de madeira era um presságio de infelicidade. Era sua maneira sutil, e não muito encorajadora, de me dizer que quando minha aventura fracassasse, ela estaria ali para me consolar. Escondi a pequena estatueta no fundo de uma das inúmeras caixas que enviamos na frente, para nossa casa; a caixa tinha uma etiqueta que dizia "bugigangas — abrir por último".

Várias semanas depois, após ter esgotado a adrenalina da mudança desencaixotando panelas, luminárias e equipamento de escritório, finalmente pude respirar um pouco. A moldura em formato de coração estava sobre o piano e a lata de café enfeitava a cozinha nova.

Em vez do alívio que esperava sentir, me surpreendi pensando em tudo o que havia deixado para trás — e na montanha de novas experiências que eu ainda tinha que escalar. O que antes parecera excitante, agora parecia apenas assustador. A foto em formato de coração, por mais que tivesse me alegrado até aquele momento, agora parecia lamentavelmente inapropriada — o dedo polegar de uma criança tentando represar as águas de pesar atrás do dique.

Felizmente, lembrei-me de que havia uma última caixa para desembalar: a caixa de bugigangas. Retirando a embalagem de plástico, encontrei o meu tesouro: a pequena estatueta de madeira. Alguém, milhares de anos antes, e alguém mais, várias semanas atrás, haviam compreendido o que eu estaria passando hoje. Aquele era o Buda triste — as notas mais melancólicas dentre a gama das maiores dádivas do universo: o sentido mais abrangente do que vem a ser estar completamente vivo. Aquela pequena figura fez com que eu mergulhasse na minha tristeza, e não a evitasse — me fez ver a mão de Deus até mesmo nessas notas mais sombrias da escala emocional. Ironicamente, o presente que tanto havia me aborrecido antes de deixar São Francisco agora me confortava na minha estranha casa nova.

Essa tristeza que você sente também é tão velha quanto o próprio tempo. É claro que você gostaria de resolver o seu problema — e se sentir feliz e realizado novamente. Isso irá acontecer. Mas primeiro compreenda que existe uma razão para que esse problema em especial tenha surgido neste momento. Ele não é um obstáculo à sua felicidade, mas sim o veículo que o fará se entregar a um novo estágio de crescimento. Enquanto você estiver vivo e em crescimento, terá problemas. Você irá se superar para conter e controlar seus níveis anteriores de desafios a fim de se envolver no seu próximo estágio de evolução. Entretanto, isso não significa que irá se condenar a um futuro de distúrbios emocionais. Por enquanto não é possível ter domínio sobre seu destino, é possível ter domínio sobre suas emoções. Você faz isso quando aprende a dar vazão a sentimentos no decorrer da sua vida sem se deixar prender por piedade ou ódio por si mesmo. Uma maneira de se desvencilhar de distúrbios emocionais é se dispor a dizer toda a verdade. Você sempre terá problemas, mas pelo menos dizendo a verdade pode garantir que terá problemas de melhor qualidade.

Um bom começo é reconhecer que o problema que você tem hoje surgiu há mais tempo. Na verdade, você se deparou com ele várias vezes de maneiras diferentes, em outros lugares e em outras épocas. Faz parte da história da sua vida: sua história está profundamente enraizada na sua mitologia pessoal. O que quero dizer com mitologia? Sam Keen e Anne Valley Fox em *Telling Your Story* explicam:

> Enquanto os seres humanos mudarem e fizerem história, enquanto as crianças nascerem e os velhos morrerem, haverá fábulas para explicar por que a tristeza escurece o dia e as estrelas enchem a noite. Inventamos histórias sobre a origem e o fim do mundo porque... elas nos ajudam a encontrar o nosso caminho, o nosso lugar no coração do mistério.

Desde o início dos tempos, as pessoas contam a história das suas vidas através de contos de fadas e mitos. Essas histórias não apenas nos ajudam a ter uma visão da nossa origem, mas contêm mensagens poderosas que nos apontam para a direção que estamos tomando. Como explica o filósofo Rollo May: "Os mitos são como as vigas de uma casa: elas não são visíveis do lado de fora, mas são a estrutura que a sustentam para que as pessoas possam morar dentro dela". Você nasceu no seu próprio mito original: uma história onde desempenha o papel de herói.

No início, você era completo e feliz. Pode ser que você tenha de voltar bastante no tempo para encontrar esse momento na sua história — talvez até mesmo antes do seu nascimento. Mas houve um tempo em que você estava no paraíso. Então, algo aconteceu. Seja o que for, isso tirou sua unidade com o divino e o atirou na aventura da sua vida. De repente havia desafios a serem superados. Problemas a serem resolvidos. A busca que você optou por empreender e a maneira como preferiu resolver seus problemas formam a essência da sua mitologia pessoal.

Talvez você tenha uma mitologia dinâmica — como os cavaleiros da corte do rei Artur que mencionei antes, que deixaram que sua curiosidade com relação à identidade do Santo Graal inspirasse a sua aventura. A reação deles foi deixar para trás o *status quo* do cotidiano, combatendo de livre e espontânea vontade, sozinhos na escuridão da noite para satisfazer a sua busca. Essa é uma missão que poderia durar toda uma vida — uma busca à altura deles.

Mas pode ser também que seu mito original, apesar de ter funcionado bem na época, não teve a amplitude e a profundidade de visão necessárias para inspirar uma vida inteira. Por exemplo, você pode ter adotado uma variante do tema heróico, mas uma variante com ramificações muito diferentes: o arquétipo do Soldadinho de Chumbo. Nessa história, o herói, perdidamente apaixonado por uma bailarina de papel que ficava do outro lado da sala de brinquedos, primeiro reprime a expressão do seu amor e depois seu grito de socorro, para preservar sua dignidade. Depois que sua corajosa tentativa de cruzar o abismo fracassa miseravelmente, ele se torna vítima das circunstâncias e acaba derretendo numa poça de chumbo; a bailarina, por sua vez, queima até virar cinzas.

Apesar de se poder buscar o Santo Graal dessa maneira, o Soldadinho de Chumbo não age por um impulso apaixonado, mas sim contra a rejeição e a solidão. Ele pode parecer corajoso e agir dessa maneira, mas um padrão destrutivo está se desenvolvendo. Ele finge heroísmo, mas durante todo o tempo se sente uma vítima. Essa é uma mitologia pessoal que pode funcionar bem a curto prazo, mas não dura por toda a vida. Esse é apenas um dos muitos mitos. Para cada Soldadinho de Chumbo existe uma Vendedora de Fósforos. Existem Sansões e Pequenas Sereias. Existem até mesmo Elvis Presleys e Princesas Dianas. Os livros de Joseph Campbell, Carl Jung e Clarissa Pinkola. Esses podem ajudá-lo a colocar seu mito pessoal num contexto arquetípico e histórico. Mas independentemente de procurar ou não um modelo semelhante na literatura, você pode participar de um processo que irá ajudá-lo a identificar a história que você mesmo adotou e que contribuiu para o problema que está enfrentando hoje. Compreenda que esta não é uma ocasião para culpa ou remorso. Seu mito pode ter sido passado a você através da sua família ou até mesmo dos seus genes. Entretanto, ele chegou até você e lhe foi útil na época, ou não teria permanecido por tanto tempo. Mas saiba que para cada problema que o seu mito resolve, você tem de pagar um preço. Essa é a fatura que venceu e precisa ser paga na forma do seu problema atual.

Conhecendo o seu mito original, você pode compreender melhor o significado e o propósito do problema que está enfrentando hoje. Você o verá no contexto da história da sua vida. Isso requer coragem, pois você precisará contar a verdade sobre velhos padrões que funcionaram muitíssimo bem para você durante muito tempo e terá que entrar num novo terreno, com todos os riscos inerentes, a fim de criar um mito novo e mais saudável.

Assim como discutimos o conceito de ciclos no começo deste capítulo, iremos repassar agora essa idéia com relação à sua mitologia pessoal. As forças da natureza estão constantemente criando e destruindo a fim de abrir caminho para um novo crescimento. Quando você está completamente vivo está sempre se desfazendo daquilo que tem, dando lugar a novas possibilidades. Você canaliza a sua energia vital para encontrar melhores oportunidades de crescimento, em vez de utilizar seu espírito essencial para proteger aquilo que você tem atualmente. Sua vida pode ser uma espiral em expansão — em vez de um círculo fechado — onde cada volta se alarga cada vez mais. Onde está você na espiral da vida neste exato momento? Está perto do fundo, com uma visão restrita, dando voltas e mais voltas no mesmo lugar, com a impressão de que seu problema é grande e insolúvel? Ou será que está subindo na espiral, libertando-se do passado para que possa relaxar numa visão expandida do seu potencial? É exatamente na próxima volta da espiral que a solução do seu problema ocorrerá espontaneamente.

Agora você está pronto para a terceira hora do processo: a reavaliação da sua mitologia original e a criação de um novo mito pessoal — um mito à sua altura.

 ## *Processo: Ponha o Seu Problema Dentro de um Contexto*

Este é outro exercício que deverá ser feito por escrito. Assim como no exemplo retirado do *I Ching*, da vasilha de água fervendo sobre o fogo, você tentará encontrar esse ponto de equilíbrio entre pensamento e intuição, onde as forças estão numa relação correta e a água fervente pode cumprir a função a que se destina.

Para ajudá-lo a estabelecer esse equilíbrio, farei uma série de perguntas que irão exigir tanto das suas funções cognitivas racionais — memória e análise, por exemplo — quanto dos processos mais intuitivos que usamos exclusivamente até este ponto.

O que eu estou lhe pedindo para fazer no exercício desta hora é encontrar o significado que está por trás do seu mito original — e ver se consegue encontrar as raízes do seu problema atual nas soluções do seu próprio passado. Fora isso, você terá a oportunidade de criar um novo mito pessoal para si mesmo — um mito que tenha o potencial de resolver o problema que está enfrentando hoje e fortalecer a própria natureza da aventura da sua vida, colocando-o em sintonia com a ordem invisível do universo.

Como essa é uma tarefa desafiadora, você pode estar tentado a se perguntar, neste ponto, se realmente selecionou o melhor problema para resolver hoje. Talvez você duvide das suas respostas, das suas opções e das suas reações criativas e intuitivas. Estou aqui para tranquilizá-lo quanto a isso.

Os pesquisadores David Feinstein e Stanley Krupps, em seu trabalho sobre mitologia pessoal, nos falam sobre o fenômeno que chamam de "princípio holográfico":

> Cada parte de um holograma contém informações de todas as outras partes. De forma semelhante, qualquer mito pessoal que você esteja examinando de maneira fundamental incorpora todo o seu sistema mítico. Trabalhar sobre uma área pode repercutir em muitas outras. Portanto, é muito mais importante selecionar algo pelo qual você está interessado do que algo que deduziu racionalmente como sendo o conflito "ideal".

O princípio holográfico permite que você pare de se preocupar em fazer isso direito. Tudo o que você precisa é responder a cada uma destas perguntas na ordem em que elas estão. Resista à tentação de olhar para a pergunta seguinte. Em vez disso, analise uma por uma, demorando-se vários minutos para que possa encontrar a resposta mais verdadeira. Se nada lhe ocorrer, invente. Escreva qualquer coisa que vier à sua mente. Se ainda não tiver o papel e a caneta com você, vá pegar e depois começaremos.

✱ Agora escreva as respostas para as seguintes perguntas:

1. Qual é a sua lembrança feliz mais remota? Pense numa época em que se sentia pleno, integrado, feliz, realizado. Pense no maior número possível de detalhes. Onde você estava? O que estava vestindo? Com quem estava? O que aconteceu? Como se sentia?

2. O que foi que pôs fim a essa felicidade? O que foi que se colocou no caminho desta experiência de se sentir pleno, feliz e completamente vivo? Onde você estava? Que roupa estava usando? Que sapatos calçava? Quem estava com você? O que aconteceu? Pense, novamente, no maior número de detalhes que puder. Não se preocupe com exatidão, mas sim em se lembrar do fato com todos os sentimentos que o acompanharam.

3. Qual foi a solução que encontrou? Como você lidou com a interrupção? O que fez? Tente se ver no momento em que a solução ficou clara e você soube o que fazer para sobreviver. Que mudanças fez? Como começou a agir? Que decisões tomou em relação à sua vida como conseqüência dessa interrupção? Que crenças adotou?

4. O que ela trouxe de positivo? Como ela funcionou para você? De que maneira ela reduziu a sua dor? De que maneira o ajudou a sobreviver? De que maneira o protegeu? Visualize a si próprio num momento em que a solução estava sendo eficaz para você. Quem está com você? O que você está vestindo? Onde está? De que mais se lembra a respeito desse incidente?

5. Que preço você teve que pagar por essa solução? Que mal ela causou? O que você teve que sacrificar? Quais os novos problemas que surgiram como conseqüência dela? Lembre-se de um incidente em que essa solução lhe custou alguma coisa. O que teve de renunciar? Como foi isso?

6. De que modo o que você sacrificou há tanto tempo ainda o está afetando atualmente? O que isso tem a ver com o problema que quer resolver hoje?

Largue a caneta por alguns instantes e respire fundo várias vezes. Se ainda não estiver sentindo as emoções ligadas a estas perguntas, essa é uma boa oportunidade para intensificar o processo. Avalie suas emoções uma vez mais e viva realmente a experiência dos sentimentos ligados a essas seis perguntas durante o restante deste exercício. Num instante vou lhe pedir que volte completamente para a consciência do hemisfério direito do cérebro e dê asas à sua imaginação. Não dirija a próxima parte do exercício para fazer com que os pensamentos surjam de qualquer maneira e você possa anotá-los. Pelo contrário, siga a minha orientação, deixando que as imagens surjam espontaneamente no seu consciente. Quanto mais excêntricos, desvairados, estranhos ou irracionais forem seus pensamentos, melhor. Divirta-se com essa tarefa — mesmo que o "divertimento" venha acompanhado de soluços e lágrimas. Nada está fora dos limites: sua história pode incluir dragões, discos voadores, personagens de ficção, toda e qualquer coisa que lhe ocorrer.

Está pronto?
Ótimo. Quero que me diga o mito que tem atuado na sua vida.

Processo: Seu Mito Pessoal

Comece pelas palavras:

1. "Era uma vez uma criança feliz chamada..."
Depois de visualizar a situação idílica dessa criança com o maior número de detalhes possível, continue a história da seguinte maneira:

2. "Então, algo terrível aconteceu."
Depois de detalhar o terrível acontecimento, prossiga com as palavras:

3. "A criancinha corajosa sabia o que tinha que fazer."
Conte a história de como a criancinha resolveu o problema. Que proezas que ela teve que fazer como conseqüência? Que lutas enfrentou? Que busca empreendeu por causa do terrível acontecimento? Qual foi o resultado das experiências da criança? Depois de detalhar essa parte da história, estará na hora de dar um desfecho. Faça isso com as seguintes palavras:

4. "E todos viveram felizes para sempre."
Comemore durante alguns momentos. Se não puder comemorar a qualidade artística da sua história, pelo menos comemore o esforço que você fez. Estamos prestes a prosseguir, mas antes de fazer isso, aqui estão algumas perguntas importantes: Que lição esse mito ilustra? Será que o final combina com o resto da história? Havia dissonância nas palavras *felizes para sempre*? Elas lhe soaram como verdadeiras ou falsas? E, finalmente, pense durante alguns momentos sobre o objetivo de tudo isso — o tema e a lição que está por trás de tudo isso. Depois, escreva a última parte do seu mito:

5. "A moral da história é..."
Vá em frente. Antes de continuar a ler, reflita cuidadosamente e tente reproduzir a moral da história em uma ou duas frases, no máximo.

Agora, deixe-me perguntar-lhe uma coisa: Talvez essa seja uma moral que funcionou bem para você antes, há muito tempo, mas será que funciona agora? Ou será que você superou seu mito original e agora precisa criar uma nova história para a sua vida? Você saberá que esse é um mito atual, dinâmico e vivo, fazendo a si mesmo mais uma pergunta:

Será que a moral do mito que você acabou de escrever resolve o seu problema atual?

Se resolve, parabéns! Você solucionou o seu problema até o pôr-do-sol. Tudo o que precisava era entrar em contato com a sabedoria da história da sua vida e aplicá-la à sua situação atual.

Se não resolve, merece os parabéns da mesma maneira! Você passou para um novo nível de conscientização. E esse novo nível de crescimento espiritual merece um novo mito pessoal. Agora você tem a oportunidade de desenvolver um novo mito para si próprio. Que alívio é perceber que na sua história não existe nada que determine quem você tem que ser hoje — como tem que se relacionar e reagir aos desafios que enfrenta. Independentemente das circunstâncias externas da sua vida, seu mundo interior é só seu — um lugar onde, se tiver coragem para assumir a responsabilidade por ele, você pode ser livre.

Tente: Reveja o seu mito e reescreva-o do jeito que gostaria que ele fosse agora. Você pode usar o mesmo começo e o mesmo desenvolvimento que usou no exercício do mito acima (números 1 e 2). Mas tente levar sua história para uma nova direção. Continue tentando novas possibilidades para os números 3, 4 e 5, até que seu herói alcance o resultado que realmente merece: um que irá funcionar para você agora. Será melhor reagir aos desafios da vida dessa maneira do que com o velho mito que funcionou no passado.

Sete

Respeite a Sua História

Nós não vemos as coisas como elas são. Nós as vemos como somos.
— Talmud

Sua mitologia é um reflexo de quem você é neste momento, e pode ajudá-lo a compreender como o problema com que está lidando hoje se encaixa no contexto geral da sua vida. Se estiver infeliz com os resultados do seu esforço criativo, lembre-se de que, enquanto viver, ainda estará no meio da sua história. Se não gostar do seu mito — pode reescrevê-lo a qualquer hora.

Lembro-me da primeira vez em que realizei esse processo com um grupo num seminário. Uma amiga, Stacy, tinha se oferecido para ser uma das minhas cobaias. Eu sabia que ela era uma excelente mãe — mas alguém que muitas vezes se envolvia demais com os sucessos e os desapontamentos das duas filhas. Quando uma das garotas desempenhou o papel principal numa produção comunitária, ela ficou nas nuvens. Quando a outra deixou de ser convidada para uma festa de aniversário que aguardava ansiosamente, achou que, de algum modo, ela havia falhado. Foi nesse momento de desespero que lhe pedi para escrever o mito da vida dela. Eu disse que não se preocupasse muito em ser precisa. Em vez disto, sugeri que sentisse toda a trama, deixando que suas emoções e intuições a conduzissem. Aqui está o resultado.

Era uma vez uma jovem princesa chamada Savannah, muito amada pelos seus pais, o rei e a rainha. Então, algo terrível aconteceu. Estourou uma terrível guerra com um reino vizinho e ela foi raptada pelo inimigo, um cavaleiro malvado chamado Marduk. O cavaleiro malvado levou Savannah para longe, para suas terras, trancando a princesa no seu castelo na esperança de pedir um resgate. Sem saber disso, ela presumiu que ficaria ali para sempre. Era insuportável pensar nessa possibilidade. Savannah queria espernear e gritar, mas isso, concluiu, seria muito mais perigoso. Em vez disso, ela procurou em vão encontrar um meio de escapar.

De repente, a jovem corajosa soube o que deveria fazer. Decidiu que faria tudo o que Marduk lhe pedisse — melhor do que ele esperava. Dessa maneira, talvez ele se apaixonasse por ela e a deixasse partir. Quando os pratos estavam sujos, Savannah os lavava. Quando ele estava triste, dançava para ele. Enquanto isso, sem que ela soubesse, o cavaleiro malvado estava negociando com seus pais a volta. O dinheiro para a sua libertação chegara. Porém, Marduk estava tão fascinado pela princesa que não queria mais libertá-la. Na verdade, nenhuma quantia de dinheiro o teria induzido a deixá-la ir. A princesa, sem saber dos esforços dos pais para tê-la de volta, continuou a morar com o cavaleiro malvado, vindo finalmente a gostar dele da mesma maneira que ele gostava dela. E eles viveram felizes para sempre.

Moral da história: Quando se deparar com problemas, reprima seus verdadeiros sentimentos para sobreviver e mesmo que não consiga aquilo que realmente quer da vida, talvez aprenda a gostar daquilo que você recebe.

Essa é a história que Stacy contou, mas na verdade ela não gostou muito dela. Quando tentou aplicar a moral ao problema que estava enfrentando, sua sensação de fracasso como mãe ficou evidente e ela acabou se sentindo pior. Perguntei-lhe se não gostaria de tentar reescrever seu mito. Ela agarrou a oportunidade. Como disse a seus companheiros cobaias mais tarde, ela começou seguindo seu sentimento de tristeza pela princesa que com tanta coragem havia feito o que achava que tinha que fazer. Ficou claro para ela, então, o que a submissão de Savannah tinha lhe custado. A princesa tinha ficado presa exatamente através do mesmo instrumento que pensara equivocadamente ser sua maneira de escapar: sua capacidade de agradar as outras pessoas. Se tivesse seguido seu ímpeto natural de ser arredia e antipática ela teria sido expulsa e retornado à sua casa. Quando esse pensamento ocorreu a Stacy, ela pegou a caneta para reescrever o mito.

Desta vez, a princesinha sabia exatamente o que fazer. Ela diria a Marduk sempre que tivesse oportunidade o quanto queria ir para casa e o quanto ele era ruim. Se Savannah fosse bastante irritante, ele logo a deixaria partir. De fato, o resgate chegou e ele ficou entusiasmado de deixá-la ir embora. E, assim, Savannah viveu muito mais feliz para sempre.

A moral do novo mito que Stacy apresentou era a seguinte: *É melhor ser seu verdadeiro Eu e ter problemas do que esmagar seu verdadeiro Eu para resolver seus problemas.*

Quando aplicou essa moral às suas questões maternas, achou a solução que procurava. Percebeu que, sem saber, todo esse tempo tinha pensado que, se as filhas fossem mais agradáveis com as outras pessoas, elas não teriam problemas (o convite teria vindo, como esperavam). Mas aprendendo com sua história, Stacy percebeu que preferia que elas fossem elas próprias e não fossem convidadas do que sacrificassem sua autenticidade para ser populares.

Em vez de se sentir mal com esse "fracasso", ela começou a se sentir bem com a capacidade que as filhas tinham de ser autênticas em relação a elas mesmas. Em vez de ficar aborrecida com o papel de mãe, sentiu-se orgulhosa. A situação tinha virado literalmente de cabeça para baixo. O problema que ela tinha esperanças de resolver até o pôr-do-sol desapareceu como num passe de mágica. Isso já seria suficiente, mas havia mais.

Refletindo sobre o mito original que havia criado, Stacy viu o quanto da sua energia vital tinha sido despendida na tentativa de agradar as outras pessoas para ser amada. Ela havia sacrificado a expressão autêntica de quem ela era realmente em troca de bem-estar. Ao equiparar amor com proteção, ela tinha adotado sem querer a crença inconsciente de que as filhas apenas a amariam se ela pudesse protegê-las da dor dos dissabores da vida. Ela se orgulhou do seu papel de mãe quando foi bem-sucedida e se sentiu um fracasso quando não conseguiu.

Desistir dos sentimentos de orgulho e de fracasso que tinham sido a marca registrada da sua experiência como mãe todos aqueles anos seria admitir os limites do seu poder e do seu controle com relação às experiências das filhas. Será que ainda assim um ser humano tão "inútil" poderia encontrar um lugar para si mesmo na criação de Deus? Para mudar para o novo mito seria necessário que Stacy corresse um risco dessa magnitude. E se ela desistisse do seu desejo de agradar e proteger e nada substituísse isso? E se fosse verdadeiramente autêntica — mas, como conseqüência, as pessoas se afastassem dela? *Será que o resgate estava realmente a caminho?*

Nunca é fácil desistir de um velho mito. As perguntas que Stacy fez a si própria nesse momento crítico podem parecer superficiais ou até mesmo patéticas para um observador de fora. Mas para ela, parecia ser nada mais nada menos do que uma questão de vida ou morte. E, na realidade, era: a vida ou a morte do seu espírito estava em jogo.

O mito pessoal que tinha sido útil a ela durante tantas décadas da sua vida agora parecia lamentavelmente insatisfatório. Se ela não tivesse sido orientada a reescrever o seu mito, provavelmente teria presumido que sua esperança de felicidade futura dependia de fazer com que as filhas estivessem naquela lista de convidados. (Na verdade, já vi mais de uma pessoa ficar em apuros durante meses, anos, décadas e até mesmo durante toda uma vida por questões não muito mais substanciais do que constar da lista de convidados certa; por exemplo, ser admitido na escola de medicina certa ou entrar para o time de natação. Stacy percebeu que havia se envolvido demais na vida das filhas à custa da sua própria energia. Seu papel não era fazer com que tudo saísse bem para elas. Seu papel era amá-las independentemente de qualquer situação. Valeria a pena fazer a transição para viver a sua própria vida. Valeria a pena. Seria necessário muita disciplina, mas traria grandes recompensas.

É preciso uma tremenda fé e um pouco de talento espiritual para se livrar do seu mito. Para seguir em frente, primeiro você tem de estar disposto a sofrer por aquilo que não funciona mais para você, sentindo a dor daquilo que as suas soluções originais lhe custaram e percebendo, em primeiro lugar, por que precisou chegar a esse extremo. Porém, você precisa fazer algo que requer uma coragem ainda maior. Deve dispor-se a perdoar a si mesmo pelo seu mito original. E depois deve ir mais fundo ainda. Deve se dispor a se respeitar por tê-lo criado — e também por ser capaz de questioná-lo. Nossa vida se movimenta por estágios. Temos que ver as coisas boas não apenas naquilo que estamos nos tornando — mas também naquilo que fomos.

Em seu livro *Gift from the Sea*, Anne Morrow Lindbergh escreveu:

Como se pode aprender a atravessar as grandes marés da existência? Como se pode aprender a ficar na crista da onda? É mais fácil compreender daqui da praia, onde as ondas incansavelmente calmas revelam outra vida abaixo do nível que os mortais normalmente alcançam. Neste momento cristalino de suspense, tem-se a súbita revelação do reino secreto do fundo do mar... Talvez esta seja a coisa mais importante para se guardar desta vida na praia: simplesmente a lembrança de que cada ciclo da maré é válido; cada ciclo da onda é válido; cada ciclo de um relacionamento é válido. E as minhas conchas? Posso colocá-las todas no bolso. Elas estão ali apenas para me lembrar de que o mar recua e retorna eternamente.

QUARTA HORA

Estupefato

Oito

Forças Invisíveis

Quando seu mito pessoal está obsoleto, o canal que o liga à sua intuição natural fica bloqueado por crenças que não funcionam mais e pelas conseqüências indesejáveis; o medo e a ansiedade. As primeiras horas de hoje foram dedicadas à remoção de um pouco dessa obstrução — o bastante, de qualquer maneira, para deixar entrar um pouco de ar e de luz. Como você pôde observar pelos meus exemplos — e espero que também pelo seu banco de provas pessoais — quando você sobrecarrega as abordagens do hemisfério esquerdo do cérebro do tipo "você vai conseguir", usadas para resolver problemas, com experiências do tipo "receber-deixar-ser" do hemisfério direito do cérebro, pode subitamente se surpreender com mais lucidez e conhecimento. Quer o seu problema já tenha sido resolvido de maneira satisfatória ou não, é provável que, no mínimo, você fique mais disposto e capaz de trocar a ilusão de que pode controlar as coisas que lhe acontecem com uma nova compreensão da realidade. Quanto mais você estiver disposto a ver as coisas como elas são, ficará mais propenso a tomar decisões melhores. Por quê? Porque você ficará mais em contato com o que é verdadeiro. Talvez você não goste dos fatos, mas pelo menos saberá que aquilo com que está lidando é real. Se o processo aqui proposto lhe trouxer apenas uma visão mais clara e uma percepção maior, já será bastante. Você conseguirá lidar com as questões da sua vida com mais eficiência e será capaz de resolver os problemas com mais rapidez e discernimento. Mas eu acho que haverá mais. Você precisa se lembrar de que o processo da *Solução ao Pôr-do-Sol* se baseia em três premissas. Agora eu estou pronta para lhe contar um segredo. Existe uma quarta premissa. Antes de dizer qual é, vamos recordar as três primeiras.

Primeira Premissa: Existe uma ordem invisível no universo.

Segunda Premissa: Nosso bem supremo consiste em nos ajustarmos de forma harmoniosa a essa ordem invisível.

Terceira Premissa: Tudo o que atrapalha a nossa sintonização com o universo é acidental e pode ser superado.

Essas três primeiras premissas agem como uma ponte dos seus processos racionais ativos para suas experiências intuitivas e receptivas. Porém, sendo espirituais elas colocam nos *seus* ombros a responsabilidade de ficar sintonizado com a ordem invisível. Parece que é dela a tarefa de se ajustar de forma harmoniosa à energia vital do universo. Seu desafio é superar os obstáculos que o separam dessa sintonia e também dispor-se a assumir a luta para viver plenamente.

Essas três premissas são fundamentais; mas, sem a quarta, seriam incompletas e até mesmo induziriam ao erro. A razão disso é que não depende só de você fazer o que é preciso para resolver os problemas. Quando você se dispõe a se empenhar de forma sincera na tarefa de ficar completamente vivo, cria mais oportunidades para que as forças que estão além da sua compreensão se envolvam no seu processo de resolver os problemas.

A intuição — você deve se lembrar — é definida como "uma influência espiritual que ocorre espontaneamente e faz com que a pessoa seja capaz de pensar, falar ou agir de maneiras que transcendem as aptidões normais". Temos falado freqüentemente dessas forças invisíveis. Você tem desobstruído os canais que podem ligá-lo de forma consciente a essas forças: fazendo o trabalho espiritual e se preparando para se sintonizar com elas. Agora, finalmente, chegou a hora de liberar a sua vontade e a sua responsabilidade pessoal. Se fizer isso, você estará possibilitando uma interação espontânea com as forças invisíveis.

William James descreve isso como um estado mental "no qual o desejo de nos afirmar e nos manter firmes tem sido substituído pela disposição de fechar a boca e ser como um nada nas enchentes e nas inundações de Deus".

Portanto, proponho que aceitemos a quarta premissa a seguir:

Quarta Premissa: As forças que estão além da nossa compreensão já estão envolvidas no nosso processo de resolver os problemas.

Não é preciso manter uma determinada atitude mental para ficar consciente dessas forças invisíveis. Com efeito, você pode muito bem estar aborrecido, deprimido ou ansioso — e ser surpreendido. Para levar a interação a um nível de consciência, os próprios processos racionais da pessoa têm que ser substituídos, pelo menos temporariamente, por uma receptividade espontânea a uma experiência extraordinária. Na verdade, esse deslocamento de vontade pode realmente ser parte do processo, ocorrer simultaneamente com ele ou até mesmo ser uma função direta dos poderes invisíveis. Ao contrário do modelo causa/efeito mais linear, em que a transcendência do pensamento do hemisfério esquerdo do cérebro é o *pré-requisito*, uma experiência de transformação dessas *sempre* encontra suas raízes em poderes invisíveis, e não em você. Portanto, não é preciso manter um determinado estado de espírito ou mental para fazer com que ela aconteça. Você só precisa deixar que ela tome conta de você. Em 1854, Henry David Thoreau relatou uma revelação dessa natureza que se deu durante seu período de isolamento em Walden Pond:

> Algumas semanas depois de vir para a floresta, durante uma hora duvidei que a proximidade com outros homens fosse essencial para uma vida tranqüila e saudável. De alguma forma, estar sozinho era desagradável. Porém, no meio de uma chuva suave, enquanto esses pensamentos prevaleciam, de repente fiquei consciente da companhia tão doce e benéfica da natureza, do próprio ruído das gotas de chuva, de cada visão e de cada som ao redor da minha casa, uma afabilidade ao mesmo tempo infinita e inexplicável, como o ar que me mantém vivo... Cada pequenina agulha de pinheiro cresceu e floresceu na compreensão de algo que eu conheço muito bem, e pensei que nenhum lugar jamais me pareceria estranho novamente.

Essa experiência transformadora pode assumir muitas formas — do calmo regresso ao lar de Thoreau ao grito entusiasmado de "Eureca!" de Arquimedes; do transe de um xamã sul-americano ao desmaio extático dos profetas bíblicos. (Ao deparar com o divino pela primeira vez, o profeta Ezequiel sentou-se, "petrificado" com o grande significado de tudo aquilo, por sete dias.) Apesar dos vários modos de expressão, todos os que entraram em contato com esses poderes invisíveis tiveram uma experiência em comum: eles estão certos de que algo extraordinário ocorreu e, de alguma maneira, os transformou para melhor.

No meu caso, a primeira vez que reconheci conscientemente que estava envolvida com um poder maior do que eu mesma aconteceu numa circunstância extrema. A situação foi tão apavorante que só agora, dezessete anos depois, consigo escrever abertamente sobre ela. Foi um acontecimento crucial na minha vida porque, no meio dele, fui obrigada a mudar meus paradigmas — ou morrer.

Esse período crítico da minha vida começou aos trinta anos. Casados há dez anos, ocupados e envolvidos demais no nosso relacionamento para ter filhos, Dan e eu oscilávamos perigosamente entre a juventude e a vida adulta. Estávamos cheios de sonhos e de energia vital, mas havíamos chegado a um momento de decisão. A agência de relações públicas que eu tinha fundado em São Francisco estava começando a florescer, mas o desejo de Dan de tentar uma carreira no mundo da música exigia que nos mudássemos para Los Angeles ou Nashville, ambos centros da indústria da música. Nenhum dos dois estava disposto a ceder terreno — não porque não nos amássemos, mas porque achávamos que nosso potencial criativo era, naquele momento, o nosso maior apelo e tínhamos medo de não atender ao chamado do espírito.

Durante esse período, Dan decidiu viajar para centros de música em busca de oportunidades, enquanto eu permanecia em São Francisco. Eu sabia que estávamos num tipo de encruzilhada, mas não conseguia ler os sinais que indicavam qual das opções representava crescimento e qual delas significava retrocesso. Será que eu deveria me mudar com Dan? Será que ele deveria ficar em São Francisco? Será que deveríamos ficar juntos, ou nos separar? Para não fazer a coisa errada, não fiz nada. Acho que eu esperava que, de alguma forma, a dor iria passar e retomaríamos nossa vida como sempre. Enquanto isso, Dan colocou as malas no velho Studebaker e pôs o pé na estrada. E então aconteceu! Numa noite quente de verão em São Francisco, apaguei as luzes, subi para o quarto da nossa casa de estilo vitoriano na rua Califórnia e tentei dormir.

No meio da noite, um assaltante encontrou uma janela aberta na sala, no andar de baixo, exatamente a oportunidade que vinha procurando. Fechar as janelas e trancar as portas à noite sempre tinham sido tarefa de Dan. Enquanto isso eu vivia as velhas fantasias de infância que asseguravam que nada de ruim aconteceria a alguém como eu. Ficaria tudo bem no meu casamento, o tempo seria agradavelmente fresco numa noite de lua cheia e eu não precisava verificar as portas e janelas antes de ir para a cama.

Então, de repente, uma mão com luva de couro apertou-me a garganta, sufocando o grito que eu estava assustada demais para dar. Na outra mão havia uma navalha afiada. Ele usava máscara e vestia roupas de couro. Ele era a morte na minha cama e na minha garganta.

— Passe todo o dinheiro! — rosnou, empurrando-me em direção à cômoda. Eu não tinha dinheiro para dar a ele. Era Dan quem lidava com esse assunto. Nesse momento de desespero, eu não tinha certeza de onde estava minha bolsa. Quando hesitei, senti a navalha raspar no meu peito, manchando minha camisola de vermelho e, então, de repente, o tempo parou. Foi como se os momentos seguintes — mesmo que tenham levado menos de um minuto — durassem uma eternidade. A realidade se expôs e pude ouvir claramente uma voz que saía da minha alma:

Viver ou morrer? A escolha é sua. Você pode escolher a saída mais fácil agora, e estará tudo terminado antes mesmo que se dê conta, ou pode me entregar sua vida e começar tudo de novo. Vai ser duro, vai ser doloroso — mas valerá a pena. Você decide. Escolha. Escolha agora.

Eu sabia que a voz era a voz da própria vida me fazendo uma oferta que ia além daquela crise: ia até as raízes do modo como eu havia optado por viver. Até aquele momento, eu acreditara que havia sido escolhida para vencer. Viver significava ter bem-estar e fazer tudo à minha maneira. O desejo de Dan abalou as minhas crenças de como a vida deveria ser. Deus tinha me colocado numa vantagem injusta, negando-me o que eu queria e agora me mostrava os resultados do modo como eu estava levando a vida.

Você quer a maneira mais fácil? Onde as portas não precisam ser trancadas e o amor não faz exigências injustas? Eis a solução — sua maneira de se entregar a uma existência sem dor: uma navalha afiada na sua garganta.

A situação era insuportável. Não havia saída. No entanto, subitamente, tive a certeza de que a resposta para a pergunta que me era feita inesperadamente era simples e clara:

SIM! *Quero viver. Aceito todos os obstáculos, responsabilidades, dores e limitações que isso implica. Aceito tudo. Percebo, agora, que vale a pena — vale muito a pena. Apenas me ajude a sobreviver a isso e serei Sua para que me use como Seu instrumento na terra enquanto eu viver.*

Desse momento em diante, meu corpo e minha voz agiram instintivamente — não havia a presença da mente. Falei coisas que provavelmente não poderia ter pensado e que eu não sabia que sabia, e agi de uma maneira que achei que não fosse capaz. Resumindo, fiz com que o assaltante descesse comigo a escada comprida, a navalha na minha garganta, até o primeiro andar, onde eu disse que nosso dinheiro ficava guardado. Caminhei com ele para uma gaveta que eu nunca tivera a oportunidade de abrir antes. Quando nos mudamos para a casa vitoriana alguns anos antes, sem que eu soubesse, Dan colocou uma grande tesoura dentro dela. Eu a agarrei e me virei, golpeando o assaltante no peito. A tesoura não penetrou muito fundo através da grossa camada de roupa escura, mas o meu gesto o assustou o suficiente para que me soltasse e saísse em disparada pela porta da frente, desaparecendo na escuridão.

Desde essa noite nunca mais duvidei de que havia poderes invisíveis agindo na minha vida. Muitas coisas mudaram em conseqüência dessa experiência. Mudou para Dan e para mim; ele ficou abalado por quase ter me perdido. Percebemos que nosso amor era tão importante para nós quanto nossos sonhos — e que valia a pena sacrificá-los. Nós dois encaramos o fato de que as opções de vida eram mais complexas do que nossas ilusões juvenis tinham nos levado a crer. Comecei a trancar as portas, a participar da contabilidade doméstica e a estudar artes marciais. Dan e eu começamos a trabalhar juntos como uma verdadeira equipe, participando da dança da vida, primeiro como um casal e, nove meses depois, como uma família em crescimento. Aprendemos a fazer concessões em nome do amor, a adiar as recompensas, a nos dedicar aos nossos próprios sonhos e aos sonhos do outro, a ficar furiosos juntos quando o destino é injusto e a comemorar quando ele é do nosso agrado. As ramificações dessa noite ainda continuam a se desdobrar quando comemoramos o aniversário de 16 anos do nosso filho, o de 10 anos da nossa filha e o recente compromisso da empresa de desenvolvimento de imagem Dan Orsborn Public Relations, sediada em Nashville, com uma agência da Warner Brothers Records. Dan, finalmente, está na indústria da música.

Você também pode ter uma experiência de comunicação divina — só precisa ficar aberto a ela. Para algumas pessoas, talvez mais dotadas espiritualmente do que eu, ela pode vir como uma "vozinha tranqüila". No meu caso, parece que foi preciso um grande golpe. Eu simplesmente esgotei todas as minhas outras opções de forma dramática e rápida. Só então a voz me chamou.

No próximo capítulo, você conhecerá quatro maneiras diferentes de se tornar cada vez mais receptivo à sabedoria, ao conhecimento, às informações e à orientação de uma fonte diferente daquela com a qual você entra em contato através da consciência diária. Se preferir pensar que essa consciência expandida vem do seu próprio inconsciente, funcionará da mesma maneira. Neste ponto, o importante não é acreditar nos poderes invisíveis do universo, mas estar, assim como o programa de doze passos nos ensina, disposto a agir *como se* essa revelação extraordinária fosse possível — não importando a maneira como ela se expressa. Na esfera espiritual e em muitas tradições, não saber é considerado um estado mais elevado do que a convicção pois, no mínimo, abandona-se a ilusão arrogante do controle. Compreender que *não* estamos no controle é, na verdade, a essência da fé. Se soubéssemos realmente o que iria nos acontecer, por que precisaríamos de fé? A fé nos convida a colocar de lado nossos processos racionais para nos envolvermos com o mistério.

Nove

A Escolha é Sua

Em breve descreverei o Estupefato, exercício que irá marcar a quarta hora. Esse é um processo de grande força — que pode torná-lo capaz de pensar, falar ou agir de maneiras que superam suas aptidões normais. Mas antes que você prossiga, eu gostaria de mostrar-lhe alguns instrumentos que podem ser usados durante essa hora. Você pode usar apenas um deles ou os quatro, separadamente ou combinados. Sua escolha vai depender dos recursos que tiver disponíveis, do ambiente onde estiver realizando o processo da *Solução ao Pôr-do-Sol* e, obviamente, da sua orientação interior.

Começarei expondo o mais controverso dos quatro. Mesmo que você decida não usar esses meios de desenvolver a receptividade — ou que não tenha os recursos apropriados à mão — por favor, leia toda esta exposição, pois os princípios apresentados serão importantes para você, independentemente do instrumento que escolher.

Chamo essa primeira opção de "instrumento intuitivo de tomar decisões", mas talvez você a conheça como "adivinhação". Nesta altura, talvez você esteja pensando em adivinhos, cartomantes e quiromantes. É claro que existem abordagens espiritualmente primitivas de adivinhações que acham que colocar as cartas é uma magia, na crença de que se pode fazer uso de feitiços ou de rituais para prever ou influenciar o futuro de outra pessoa. Porém, essa não é a abordagem que eu defendo. Pelo contrário, ensinarei uma abordagem radicalmente nova para tomar decisões intuitivas que, por acaso, usa instrumentos de adivinhação que algumas vezes são mal-interpretados e utilizados de forma imprópria por outras pessoas. Já ensinei essa técnica a centenas de executivos, muitos deles céticos ou completamente ansiosos ante a perspectiva de puxar uma carta do baralho do tarô. Assumo o risco de pisar em velhos sentimentos e crenças, porque muitas pessoas têm sido enriquecidas por essa experiência, recebendo orientação e apoio no seu processo de tomar decisões ao longo do caminho.

Se você tem à mão um baralho de tarô ou algum outro instrumento de adivinhação que prefira, talvez queira utilizá-lo como uma das suas quatro opções. Porém, há duas condições:

✻ A primeira é que você tem de prometer que vai pôr de lado qualquer texto que explique o significado da simbologia — e evitar, no futuro, usar esses manuais explicativos. Os mestres e guias que definem o significado para você, que moldam de forma rígida a miríade de possibilidades de acordo com a realidade que eles próprios adotaram, roubam o seu poder e a sua vitalidade, e substituem o seu conhecimento intuitivo por uma orientação externa.

(Existem, aliás, vários profissionais de adivinhação intuitivos, guias sensíveis e inspiradores que podem ajudá-lo a utilizar as cartas, a leitura da mente, a astrologia e outros instrumentos de adivinhação semelhantes, de forma construtiva e coerente com a abordagem que eu estou descrevendo. Se no futuro você tiver um consultor, as informações deste capítulo irão fornecer-lhe os meios para julgar se está trabalhando com alguém que está contribuindo para que você se liberte cada vez mais da ilusão de poder — ou se está acabando de vez com ela.)

Quando estiver trabalhando com símbolos de adivinhação, em vez de procurar o significado de outra pessoa qualquer, pergunte a si mesmo o que cada carta ou símbolo significa para você — e não atribua significados permanentes a eles, pois, cada vez que os tirar, um significado diferente e mais apropriado pode vir à tona. Se sentir que as cartas ou os símbolos não terão nenhum significado para você, coloque-os de lado. Você simplesmente não está em sintonia com eles no momento. Existem outros três instrumentos à sua disposição.

✳ A segunda condição é que, se alguma vez você puxar uma carta ou fizer uma leitura que lhe pareça errada e da qual realmente não goste, coloque-a de volta e tente novamente — ou, então, coloque todo o processo de lado e tire-o dos seus pensamentos.

As duas formas de adivinhação que uso com mais freqüência são o *I Ching* e o tarô. Como expliquei no meu livro *Como Confúcio pediria um aumento de salário?*, levei várias décadas para aprender a usar o *I Ching*, pois os complexos símbolos eram poéticos e verbais, e não visuais. Para o objetivo de hoje, entretanto, e presumindo que pode haver novatos em adivinhação entre os meus leitores, voltarei meus comentários ao instrumento de adivinhação mais clássico e comum: a versão Rider-Waite do tarô. Essa versão serve particularmente bem ao processo da *Solução ao Pôr-do-Sol*, pois ela captou visualmente 78 situações arquetípicas universais que podem surgir tanto na vida interior como na vida exterior de uma pessoa, através de ilustrações. As imagens são complexas e variadas — apontando o caminho para que você faça a sua própria interpretação. Nunca houve uma situação nos meus seminários que não tenha sido mostrada simbolicamente por uma ou outra carta. Das esperanças inocentes da infância à jornada do herói na noite escura da alma, o mágico, o tolo, o imperador e a roda da fortuna. Há comemoração e derrota, criatividade e destruição.

Quando você usar um instrumento intuitivo de tomar decisões como o tarô, concentre-se durante alguns momentos numa área de preocupação: O que eu preciso para resolver o meu problema? Será que esse é o melhor caminho a seguir? O que está se pondo no meu caminho? Depois de embaralhar as cartas, coloque o baralho na sua frente, virado para baixo. Em seguida, permaneça sentado calmamente com a sua pergunta até que esteja completamente concentrado. Quando sentir que está pronto, puxe uma carta do monte. Olhando para a imagem que ela contém, avalie suas reações emocionais imediatas, deixando a mente divagar. Não procure encontrar respostas certas ou erradas, predições sobre o futuro ou sobre o destino ou, na verdade, nada que a carta possa estar lhe *dizendo*. Pelo contrário, preste atenção na sua reação a ela. Você verá que a sua reação pode mudar cada vez que puxar uma determinada carta. Numa ocasião em particular, a imagem de um homem encapuzado caminhando numa trilha escura com apenas uma lanterna para iluminar o caminho (o Eremita) pode parecer terrivelmente solitário e triste; em outra, a mesma imagem pode parecer corajosa e emocionante. (Um excelente exercício de criatividade é puxar cada uma das cartas do monte, sem fazer ligação com nenhum problema em especial que você esteja enfrentando naquele momento, procurando uma interpretação positiva e uma negativa para cada carta. Se não tiver um baralho de tarô à mão, pode tentar esse mesmo exercício com fotos de revistas — ou até mesmo com imagens retiradas dos seus próprios sonhos e fantasias.)

Na psicologia, essa capacidade de mudar de percepção é chamada de "reenquadramento". Tanto nesse exercício de cartas como no processo de reenquadramento, você treina para expandir as possibilidades de interpretação para além das reações normais de reflexo. Por exemplo, você acha que não tem sido um bom pai ou uma boa mãe, porque perdeu a paciência com o filho. Essa é uma possibilidade. Contudo, também é possível que sua irritação seja um sinal do quanto você se preocupa com ele e de que é um excelente pai ou uma excelente mãe. Esse é um reenquadramento. Você tem pavor pelo palco e acha que nunca conseguirá ser músico. Será que esse pavor pelo palco não poderia ser um reflexo dos seus próprios padrões elevados — exatamente o mesmo impulso que contém o segredo do seu maior potencial para o sucesso?

Quando trabalhar com uma carta, foto ou imagem onírica, anote durante dez a quinze minutos, sem parar, quais foram as suas reações, pensamentos e emoções com relação ao símbolo ou à leitura. É importante que você não julgue ou não se preocupe se o que escreveu faz sentido ou se é coerente. O processo é muito semelhante ao exercício anterior: "Estabeleça o Seu Objetivo".

Você pode se beneficiar com a adivinhação mesmo que a encare apenas como um instrumento que projeta seus próprios pensamentos inconscientes e como um exercício criativo que amplia as suas possibilidades; mas uma importante tradição, tanto da comunidade psicológica como espiritual, afirma que a adivinhação provavelmente compreende algo mais do que simplesmente informar o que está se passando na sua mente.

Talvez você tenha ouvido o termo "sincronicidade". De acordo com Carl Jung, sincronicidade é a idéia de que os acontecimentos coincidentes no tempo e no espaço significam "algo mais" do que um mero acaso. Esse "algo mais" representa uma interdependência peculiar entre os acontecimentos objetivos e o estado subjetivo do observador. A sincronicidade é o lugar onde a ciência e o misticismo se sobrepõem, assim como nosso planeta ecologicamente sensível e os recursos decrescentes deixam claro que todas as coisas na terra estão inter-relacionadas. Use laquê no cabelo em Nova Jersey e o buraco da camada de ozônio sobre a Antártida irá aumentar. Polua um rio de um lado do planeta e as vacas do outro lado produzirão menos leite.

Ao mesmo tempo, os novos físicos redefiniram a natureza da realidade. Quando observamos a matéria, mudamos o seu comportamento. No campo da física, é impossível saber qual é a verdade máxima. Toda ação, não importa quanto seja insignificante, cria ramificações que influenciam infinitamente o futuro. O filme *De Volta Para o Futuro* mostrou o impacto transformador do primeiro beijo de uma garota durante um baile estudantil ou de um simples raio sobre acontecimentos que ainda estão por vir. O pensamento espiritualmente inspirado, "estamos todos sós", assume um novo significado à medida que começamos a compreender que a qualquer momento, em algum nível misterioso, cada ação que esteja se realizando no universo está relacionada de algum modo a uma outra ação qualquer do passado, simultaneamente, e a ações futuras.

Jung estudou a sincronicidade durante trinta anos, tentando explicar como e por que as chances aparentemente aleatórias de se tirar cara ou coroa podiam resultar num lampejo intuitivo inteligente, que ultrapassa o que o acaso por si só poderia produzir. Quando você escolhe uma carta aparentemente de maneira fortuita, ela age como um catalisador que dá início aos seus pensamentos inconscientes, permitindo que eles, delicadamente, fiquem em primeiro plano na sua mente. A reação e o lampejo intuitivo obtidos através dos instrumentos de adivinhação o ajudam a entrar em contato com os padrões de significados profundos que se baseiam na idéia de que a carta que você escolheu é um reflexo da sua ligação com as forças que estão agindo no universo naquele momento.

O que a sincronicidade faz é confirmar aquilo que você provavelmente já intuiu que é verdade: que existe uma ligação entre o seu estado espiritual, emocional e psicológico com as coisas que lhe acontecem. Por exemplo, certa vez você estava ansioso para receber um determinado telefonema. Enquanto estava desesperado, o telefone ficou mudo. Quando, finalmente, relaxou e se rendeu à probabilidade de que não receberia o telefonema, ele subitamente começou a tocar. E quando alguém que você conhecia estava furioso e, logo em seguida, levou uma batida na traseira do carro num cruzamento?

Parece que existe uma ligação intrínseca entre coisas aparentemente sem ligação. O I Ching nos ensina que mesmo que o nosso papel não seja levar o crédito nem ser responsáveis pela criação dessas ligações, podemos estudar os padrões e as ligações que surgem para nós a fim de entender melhor e respeitar as leis do universo e as leis interiores do nosso ser:

Contemplando as formas que existem no céu, compreendemos o tempo e as suas constantes exigências.

Você não cria toda a sua realidade — nem pela manipulação consciente da realidade exterior, nem pela manipulação mágica dos poderes invisíveis — mas pode participar dela. A melhor maneira de progredir na vida é fazer opções coerentes com a lei interior do seu ser. Nas palavras do I Ching:

Se a pessoa agir de forma coerente e for verdadeira consigo mesma, encontrará o caminho que mais lhe convém.

Devido ao fácil acesso às cartas de tarô e à universalidade da sua simbologia, elas são um meio útil para ajudá-lo a refletir sobre as forças que estão operando na sua vida o tempo todo. Você pode, portanto, se perguntar por que uma determinada carta apareceu para a sua reflexão naquele momento. E mais importante ainda, por que teve essa reação emocional nesse momento em particular? Será que ela contém a solução que você procura para o seu problema? Será que ela traz consigo uma clareza e uma convicção que o faz pensar que agora tem a resposta que está procurando? Ou será que ela caiu no seu colo como um peixe podre, implorando para ser atirado de volta no vazio? Todas as possibilidades contêm informações e percepções valiosas; todas essas respostas são igualmente válidas. Só você pode julgar qual delas é verdadeira para você.

A sincronicidade é um conceito desafiador para muitos de nós — especialmente para aqueles que aprenderam a confiar exclusivamente nos processos cognitivos racionais para resolver problemas. Para realizar o processo desta hora, quer seja através dos instrumentos de adivinhação, que acabei de comentar, ou dos outros três processos relacionados que apresentarei em breve, você terá que fazer a si mesmo uma pergunta fundamental, uma pergunta implícita nas nossas considerações sobre esta idéia: Você acha que este é um universo onde a ordem é a regra e o caos a exceção? Ou acredita que este é um universo basicamente caótico e a ordem é uma coincidência acidental pouco freqüente? Qualquer consideração que se faça sobre adivinhação baseia-se na premissa de que você aceitou o conceito de que existe uma ordem invisível no universo que apóia a sua evolução espiritual e a sua crescente capacidade de tomar boas decisões. Quando você está sintonizado com essa ordem invisível, tem o que os judeus chamam de *mazel* — sorte, que na tradição hassídica significa "uma configuração influente das forças superiores". Albert Einstein disse uma vez que a única pergunta que todo ser humano deveria fazer a si mesmo é: *o universo é amigo — ou não?*

A sincronicidade nos obriga a encarar a questão da natureza ordenada ou caótica intrínseca ao universo, com todas as implicações resultantes. Mas, antes de prosseguir, sinto-me compelida a abordar um aspecto ainda mais desafiador do conceito de sincronicidade, que de forma irônica ocorre exclusivamente entre aqueles que estão mais propensos ao otimismo. Refiro-me a isso como a Síndrome da Vaga no Estacionamento.

Recentemente, Lisha, uma das minhas companheiras mais animadas na exploração da estrada menos freqüentada, veio de São Francisco para me fazer uma visita. Nos *velhos* tempos, nas décadas de 70 e 80, nos dedicamos a vários métodos de pensamento positivo que nos ensinaram que, se nos sintonizássemos com o universo, poderíamos ser poderosas. A entrada para este novo mundo de poder eram vagas de estacionamento. Se estivéssemos sintonizados com o universo, dizia essa filosofia, poderíamos criar vagas para estacionar. Isto não era um milagre pequeno em São Francisco por volta de 1985 e, portanto, todos nós andávamos pela cidade nos sintonizando mentalmente com o universo e nos preparando para manifestar esse tesouro espiritual tão ambicionado: um local barato e "permitido" para estacionar o carro.

Nos anos seguintes, depois de ter me sintonizado com o universo, em mais de uma ocasião não consegui a esperada vaga para estacionar. Defrontei-me então com um dilema. Ou eu não tinha me sintonizado suficientemente bem com o universo — ou a bendita vaga de estacionamento era um monte de asneira. Graças a um programa de doze passos que freqüentei oportunamente na ocasião, entrei em contato com os conceitos de aceitação e renúncia na hora certa. Descobri que a aceitação às limitações humanas era um investimento muito mais saudável para a minha vida espiritual do que a criação de vagas para estacionar; portanto, pensei que havia esquecido tudo sobre magia. Então, Lisha chegou a Nashville. Nossos passeios incluíram uma visita à Vanderbilt Divinatory School. Quando nos aproximamos do estacionamento do campus, comentei casualmente que, como estávamos mais atrasadas do que o normal, nunca acharíamos uma vaga para estacionar. Desde que começara as aulas, sempre que eu chegava nesse horário não havia vaga disponível. Lisha riu.

— Não se preocupe — ela disse, num tom de voz subitamente irritante. — "Criaremos uma."

Infinitamente superior no meu relacionamento maduro com a renúncia, tentei provar que ela estava errada. É claro que não encontraríamos uma vaga. Porém, para minha consternação, uma grande vaga surgiu bem na nossa frente.

Foi um acaso, assegurei a mim mesma.

Porém, no dia seguinte aconteceu a mesma coisa. E no outro dia. Minhas crenças mais fundamentais estavam despedaçadas. Eu estava com raiva e confusa. Será que eu havia desistido prematuramente de fazer com que os milagres acontecessem na minha vida?

No dia em que ela foi embora, eu me aproximei do estacionamento apreensiva — igualmente com medo de que houvesse uma vaga esperando por mim e de que não houvesse nenhuma. Eu não queria ter a ilusão destrutiva de poder e de controle de volta à minha vida — mas eu realmente queria e merecia uma boa vaga para estacionar o carro, tanto quanto o cara do lado. Então, de repente ocorreu-me um pensamento. Em vez de aceitar que não haveria uma vaga — e em vez de pressupor que eu podia criar uma — eu faria o universo saber do meu desejo e depois aceitar o que viesse. Adivinha? Algumas vezes há vagas, outras não. Mas, independentemente de surgir uma vaga ou não, minha procura diária por uma vaga se transformou em uma aventura onde *tudo é possível*.

Se antes eu havia compreendido mal o poder, mais recentemente compreendi mal a aceitação. Você tem direito a um relacionamento com o universo que dê um sentido à sua vida. Você tem o direito de pedir e esperar o que quer. Mesmo quando você está sintonizado com os poderes invisíveis do universo — quando pode lidar com os desafios da vida com o seu entusiasmo, a sua integridade moral e a sua vitalidade intactas — ainda não pode garantir qualquer resultado em particular. Entretanto, você será presenteado com algo igualmente valioso: você confiará, intuitivamente, que é mais provável que qualquer coisa aparentemente ruim que lhe aconteça venha *de fora* do que tenha sido gerado pela sua resistência ou pela sua arrogância. Como as coisas ruins são externas, elas acabarão indo embora.

Não há garantias, mas a minha experiência mostra que quando uma pessoa é guiada pela vida, as chances estão do lado dela. Você tem de estabelecer o seu objetivo como se este fosse um universo ordenado e zeloso — e depois dispor-se a se envolver em tudo o que surgir. Há uma ordem no universo —, a promessa de que no final o que é necessariamente bom e certo prevalecerá. Talvez não quando você quiser — mas, certamente, quando Deus determinar.

Logicamente não se pode provar isso de forma racional. Quando você assiste às intermináveis reportagens sobre violência e guerra no noticiário noturno, provavelmente fica tentado a renunciar ao seu preconceito em favor da ordem e se render ao pano de fundo das estatísticas crescentes. O filósofo Joseph Ernest Renan, citado por William James, aconselhou às pessoas da sua época:

In utrumque paratus, então. Esteja pronto para tudo — talvez isso seja sabedoria. Abandonemos, de acordo com a hora, a segurança, o ceticismo, o otimismo e a ironia, e podemos ter certeza de que, em determinados momentos pelo menos, estaremos com a verdade.

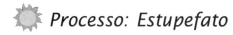 *Processo: Estupefato*

Durante esta hora, você fará quatro perguntas específicas sobre o problema que gostaria de resolver até o pôr-do-sol. Depois de formular as perguntas com suas próprias palavras, com todos os sentimentos e pensamentos que elas encerram, você irá liberar cada uma das perguntas para o universo, certo de que a resposta virá até você na hora certa e da maneira certa.

As perguntas são:

1. Qual é a verdade sobre o problema ou questão que estou enfrentando agora?

2. Qual é a natureza do obstáculo que está impedindo que esse problema seja resolvido até o pôr-do-sol de hoje?

3. O que devo fazer?

4. Que resultado devo esperar?

Você poderá escolher um destes quatro instrumentos para ajudá-lo nesse processo. Pode decidir antecipadamente se vai usar um deles para todas as quatro perguntas, um instrumento para cada uma delas ou inventar uma combinação à medida que avança, selecionando intuitivamente aquele que considerar mais adequado para o momento. Se, por acaso, for o solstício de verão ou outro dia, ou mesmo uma situação que lhe dê horas a mais entre esse momento e o pôr-do-sol, você pode, se quiser, passar uma hora a mais nesse processo. Se quiser pode se demorar até uma hora em qualquer uma das quatro perguntas.

✷ Você já foi preparado para o primeiro instrumento: a adivinhação. Pode usar qualquer tipo de adivinhação com que se sinta à vontade — contanto que siga as diretrizes que apresentei anteriormente.

✷ Uma variação desse primeiro instrumento inclui a sua segunda opção: Você pode pegar o seu livro favorito, talvez a Bíblia ou alguma outra obra espiritual e, com a(s) pergunta(s) em mente, abrir aleatoriamente o volume e começar a ler para conseguir orientação e uma resposta.

✳ O terceiro instrumento o orienta a levar sua(s) pergunta(s) para dar uma volta em meio à natureza. À medida que caminha, fique atento aos sinais do ambiente que possam ter algum significado pessoal — pode ser um novo broto audacioso crescendo na cepa escurecida de uma árvore quase carbonizada ou um pássaro azulão que ilumina toda a redondeza cantando uma mensagem que parece ser dirigida a você. Fique aberto a qualquer coisa que atraia os seus olhos e converse com você metaforicamente (ou talvez até mesmo literalmente). O ensinamento pode chegar logo ou levar algum tempo para chegar. Certa vez participei de um seminário onde um dos participantes relatou que, no meio desse processo sagrado, não havia conseguido sentir o chamado da natureza. Resmungando, foi até o banheiro, para o que ele pensou ser uma interrupção inoportuna. Em vez disso, ele se deparou com a resposta à sua pergunta. Isso teve alguma coisa a ver misteriosamente com a ação de dar a descarga. Ele disse que passou a maior parte da hora que reservara para solucionar seu problema puxando a corda da descarga e observando a água ir embora para algum final místico e particular e que isso resolveu a questão, para sua total e completa satisfação.

✳ O quarto instrumento é uma meditação de olhos fechados, ou talvez até mesmo entregar-se a um sono profundo (não se esqueça de colocar o despertador). Peça que uma visão ou um sonho venha até você com a resposta que espera obter. Os sonhos, de acordo com a psicologia junguiana, são a voz do inconsciente conduzindo a mente consciente de volta para suas raízes sagradas. Se essa for a sua opção, ponha o despertador para tocar depois de uma hora. Deixe papel e caneta por perto. Assim que acordar, tome nota de quaisquer imagens oníricas que vierem à sua mente, com o maior número de detalhes possível. Nesse momento, elas não precisam fazer sentido algum — ou até mesmo se aplicar à sua pergunta.

✳ Se você acordar sem ter tido nenhum sonho, ou optar por ficar consciente durante este processo, pode fazer, no lugar do sonho, uma visualização orientada. Você pode se conduzir através de uma sucessão de imagens, fechando os olhos e se imaginando num lugar bonito na natureza, com um ser sábio caminhando na sua direção. O ser pode ter uma forma específica — pode até mesmo ser alguém que você conheça. Ou pode ser uma forma de energia ou um sentimento. Independentemente de como você imagina esse ser, ele lhe traz um presente. O que é? Se o presente estiver numa caixa, abra a tampa e veja o que tem dentro. Imagine esta cena com todos os detalhes que puder. Neste ponto, não é preciso compreender o significado do presente. Aceite-o, simplesmente, agradeça ao ser e depois observe enquanto ele se afasta. Quando terminar, abra os olhos e anote a sua experiência com o maior número de detalhes possível. Se o presente for um objeto, talvez você queira tentar fazer um desenho dele. Quando terminar esse processo, daremos prosseguimento.

Dez

Sem Opção

Ouve-se — não se procura; pega-se — não se pergunta quem oferece; o pensamento vem à mente como um raio; ele vem necessariamente, sem hesitação — nunca tive escolha nessa questão.
— *Nietzsche*

Você conseguiu a resposta que esperava? Recebeu sinais confusos ou até mesmo inquietantes? Aparentemente, não conseguiu nada? Na próxima seção, você irá se engajar num processo que o ajudará a entender as experiências que se realizaram nesta hora, não importa o resultado que você acha que conseguiu — ou não. Lembre-se: no processo da *Solução ao Pôr-do-Sol* não existe impasse, nada é desperdiçado. Logo você atingirá o topo e com uma última gota irá transbordar, transformando-se num rio, livre para continuar sua jornada. O obstáculo que parecia intransponível agora pode ser superado facilmente.

Mas, antes de passar para as instruções da próxima hora, quero compartilhar com você duas experiências do processo Estupefato.

A primeira experiência aconteceu com um cliente nosso, o sócio-gerente de uma pequena firma de advocacia em São Francisco. A última vez que tínhamos nos encontrado, ele estava ocupadíssimo — não tinha tempo para as amenidades que podem fazer com que até mesmo um ambiente de trabalho tumultuado se torne mais agradável. Ele era uma dessas pessoas que acreditam que os negócios são uma guerra e que, para

Sem Opção 113

ser bem-sucedido, você precisa administrar sua firma como um exército. Os funcionários e os outros advogados eram treinados cuidadosamente para fazer o que ele mandava, sem contestação. Por esse motivo, embora aparentemente houvesse poucas desavenças entre "os soldados" no dia-a-dia, havia uma grande rotatividade de funcionários na firma. Na verdade, foi por isso que ele nos procurou. Ele achava que precisava melhorar a imagem da firma para atrair funcionários mais qualificados.

Saí do escritório dele determinada a bolar um bom plano — apesar de estar desconfiada de que um trabalho de relações públicas faria pouco mais do que colocar um esparadrapo no buraco do casco de um navio que estava afundando. Porém, quando voltei algumas semanas depois com o plano a reboque, ele era outro homem.

Ele me disse que depois do nosso encontro, teve de enfrentar uma grave crise. Uma das melhores profissionais deixara o escritório, levando consigo vários funcionários e uma boa parte dos negócios. Atormentado, ele rendeu-se aos desejos da mulher de participar de um retiro espiritual no campo, onde teria que passar a tarde procurando um "professor" — algum aspecto da natureza que lhe reservasse uma lição. Resistente à idéia, ele chegou ao local do retiro certo de que estava desperdiçando tempo e dinheiro. Pássaros! Flores! Sentou-se numa rocha e começou a desenhar na terra com um graveto quando, subitamente, ouviu o som nítido de patas de animais se aproximando. Dos arbustos que rodeavam aquela área de vegetação rasteira saiu uma família de cervos. Os quatro filhotes brincalhões, conduzidos por um magnífico cervo adulto, invadiram a área com uma alegria incontida. Eles não estavam se relacionando uns com os outros por obediência — mas por opção. Ninguém os estava obrigando a ficar juntos: eles optaram por isso porque queriam a companhia um do outro.

Por causa desse momento de revelação, ele decidiu que poderia e começaria a reservar algum tempo para amenidades no escritório. Organizou um almoço num restaurante badalado para os colegas e surpreendeu os funcionários do escritório com buquês de flores sem nenhum motivo especial. A campanha para melhorar a imagem da empresa já estava em andamento quando não houve mais necessidade de atrair profissionais de nível mais alto, pois a troca excessiva de funcionários havia acabado. Ele nos pediu, então, que voltássemos a nossa campanha para a conquista de novos clientes. Em pouco tempo, ele estava administrando uma das mais procuradas firmas da cidade.

As pessoas que ficaram sabendo dessa história começaram a lhe enviar mascotes de cervos. Havia cervos de pelúcia, de madeira e de pedra entalhados. No fim, ele tinha até gravatas e camisetas com figuras de cervo. De acordo com a tradição dos feiticeiros de certas tribos indígenas americanas, esse homem havia descoberto o seu animal-guia sagrado — o seu totem.

Pensei, com uma ponta de inveja, nos cervos do nosso cliente quando Dan e eu tivemos oportunidade de ir até Sedona, enquanto tratávamos de negócios no Arizona. Tínhamos ouvido falar várias vezes sobre os vórtices de energia e outros centros de poderes místicos — lugares que encerravam a promessa de nos ajudar a sintonizar nossa energia com a ordem invisível do universo. Queríamos ir até lá sozinhos; mas, como íamos passar apenas algumas horas na cidade e sem tempo para pesquisar o local exato dos vórtices, contratamos um guia para nos levar ao Deserto de Red Rock, para que pudéssemos ter a nossa experiência.

O guia turístico era simpático e solícito, apesar de Dan e eu nos sentirmos um pouco tolos pagando pela espiritualidade que queríamos. Por sorte, não tínhamos grandes expectativas com relação a essa experiência. Nossa atitude despreocupada, estou certa, era motivada em parte pelo fato de que não tínhamos problemas urgentes em mente naquele dia. Podíamos nos dar ao luxo de participar dessa aventura de maneira descontraída.

Quando contratamos o passeio no centro de Sedona, nos deram um mostruário de opções espirituais. Dan quis ir a uma *medicine wheel*, um dos antigos locais sagrados construídos pelos índios. Eu preferi encontrar o meu totem animal. Eu sempre tinha desejado descobrir o animal que seria importante na minha vida, que iria me proteger e me guiar. Pedi então a opção número três da lista de alternativas. O guia nos levou num jipe colorido para fora dos limites da cidade de Sedona, ao pé de um majestoso penhasco de rocha vermelha. Dan se dirigiu com o guia para o local sagrado da *medicine wheel*, e fui instruída a ficar ali por uma hora, pois durante esse tempo eu iria ter um encontro sagrado com o meu totem animal.

Sozinha, caminhando com dificuldade através da vegetação agreste, eu tinha um ar de expectativa. Havia o som de um coiote uivando no meu futuro? O vôo alto de um magnífico gavião através das nuvens que se formavam lá no alto? Um cervo invadindo o meu coração? Nada. Então, ocorreu-me um pensamento: Claro! Eu iria ter uma visão, não um encontro literal. Bastante convencida por ter compreendido isso, sentei-me na posição de lótus e esperei que algo maravilhoso acontecesse. Durante os longos minutos que se seguiram, uma série de animais desfilaram pelos meus pensamentos, um após o outro, como balões enormes serpenteando através da quinta avenida, num desfile de Ação de Graças da Macy's. Tigres, ursos, leões, golfinhos — assim que um deles fazia sua esperançosa aparição na minha mente, outra criatura majestosa tomava seu lugar na frente da banca examinadora. Depois de longos e dolorosos minutos, desisti — aborrecida com a minha tolice — e abri os olhos. Nesse exato momento, para meu completo horror, meus olhos se dirigiram para uma minhoca grande, rosada e gorda, que se arrastava em direção ao meu pé direito. Não era uma minhoca qualquer. Compreendi, sem sombra de dúvida, que aquela era a *minha* minhoca. Ali estava ela, ridiculamente rosa, contorcendo-se no chão arenoso do deserto. Eu tivera anos para pensar sobre o significado metafísico daquela minhoca (não vou aborrecê-lo com isso; basta dizer que me conformei com a idéia de que o meu totem sagrado era uma minhoca).

Ficou claro que aquela minhoca era importante para mim. Eu podia confiar na mensagem. Porém, nem sempre as coisas são assim tão claras. Você sempre sabe se a mensagem ou o ensinamento que está recebendo é verdadeiro? Como sabe quando ficar com a carta e quando colocá-la de volta? Quando aceitar o sinal e quando desprezá-lo como ridículo? Como sabe se a solução que propôs dará certo — ou não? Essas perguntas têm povoado a mente de todas as pessoas que buscam a perfeição espiritual, desde os primeiros registros da história. E é para esse assunto relevante que voltaremos a nossa atenção na quinta hora do processo da *Solução ao Pôr-do-Sol*.

Quinta Hora

Vozes Diferentes

Onze

Como Saber Qual é a Voz Verdadeira?

Se eu estiver sendo enganado, Senhor, será por Ti.
— Santo Agostinho

A elegante senhora estava diante dos colegas de seminário, as lágrimas rolando pelas faces. Durante vários dias, ela fora extremamente reservada, mal trocando uma palavra com outra pessoa — e certamente nunca demonstrando alguma emoção. Porém, durante o exercício da quarta hora, ela havia puxado uma carta do baralho de tarô que mostrava a janela de uma igreja onde se via uma mãe postada protetoramente ao lado da filha. Enquanto nos contava essa história entre soluços, explicou que a filha se convertera a uma religião fundamentalista e que, por esse motivo, elas haviam se desentendido afastando-se uma da outra. Há vários anos ela vinha se recusando a atender aos telefonemas da filha e a receber suas cartas. Sentia-se muito mal com essa situação e esse pensamento a acompanhava dia e noite. O que deveria fazer?

Ela disse que, ao puxar essa carta em particular, sentiu calafrios na espinha. Ouviu claramente uma voz interior dizendo-lhe que havia chegado a hora de se reconciliar, que deveria finalmente telefonar para a filha. Mas assim que terminou de nos contar a história, as lágrimas pararam de cair. Ela ficou ali, imóvel. O silêncio se prolongava e, no entanto, ela ficou ali diante de nós, sem pronunciar uma palavra. O que mais queria nos dizer?

Finalmente, a mulher limpou a garganta e passou a mão sobre os olhos. Então, um pouco mais serena, nos disse o verdadeiro motivo de ter se oferecido para contar sua comovente história.

— Eu só precisava verificar uma coisa: será que eu poderia confiar na voz? Como saber se a voz que eu ouvi estava me dizendo a verdade?

Essa é uma pergunta justa. Fiz uma pergunta semelhante um pouco antes: Você pode confiar nas suas emoções? A resposta foi não. Você não pode confiar que as suas emoções reflitam a realidade. Ainda que elas tenham muitas outras funções úteis, fornecer informações confiáveis não é uma delas. Portanto, e a sua voz interior? Você pode ter certeza de que ela lhe diz a verdade — de que ela realmente sabe o que é melhor para você?

Até mesmo alguém com a magnitude espiritual de Santo Agostinho teve suas dúvidas. Nem mesmo ele podia ter certeza de que a voz que sentia em todo o seu ser era divina. Ele estava longe de ser o primeiro líder espiritual a se debater com essa pergunta. Nas páginas da Bíblia essa questão é levantada pelos próprios profetas. Por exemplo, no Livro dos Reis, Deus pede aos membros do seu círculo íntimo, as Hostes Celestes, que apresentem um plano para induzir o rei Acaba a uma batalha mortal.

Um espírito se apresentou diante do SENHOR, e disse:
— Eu o enganarei.
— E de que modo? — indagou o SENHOR.
Ele replicou:
— Sairei e serei um espírito de mentira na boca de todos os seus profetas.

Quatrocentos profetas — cada um deles provavelmente convencido de que havia sido escolhido para transmitir a palavra de Deus — foram enganados por um único espírito. Para complicar ainda mais a história, o espírito enganador parece ter sido autorizado pelo próprio Deus do profeta. O fato de essa história fazer parte da base da tradição judeu-cristã demonstra que essa pergunta — se podemos ou não confiar que a nossa voz interior nos conduz infalivelmente a uma sintonia com a ordem invisível — tem causado muita ansiedade em todos os que buscam a perfeição espiritual desde tempos remotos.

E por uma boa razão. Com tantos grupos reivindicando para si o direito exclusivo de falar em nome de Deus, em quem se pode confiar? Como avaliar essas reivindicações? Deus fala aos judeus em Israel e aos árabes na Palestina. A voz de Deus diz a uma pessoa quando puxar o gatilho, a outra quando dar todo o seu dinheiro para a igreja. Rotineiramente, turistas em peregrinação a Jerusalém se afastam do grupo e aparecem alguns dias depois, enrolados num lençol, pregando a palavra de Deus.

No nível pessoal, as perguntas podem ser igualmente perturbadoras. Mesmo que você tenha obtido uma resposta clara às suas indagações no exercício anterior, como pode ter certeza de que a voz que ouviu tem as melhores intenções em mente? Não poderia ser o seu próprio inconsciente debilitando-o por questões de culpas não-resolvidas e coisas desse gênero? Não poderia ser um espírito enganador? Qual foi a voz que respondeu às quatro perguntas no exercício Estupefato? Quem escreveu o seu mito? *Quem é que está lendo e avaliando, agora, estas mesmas palavras?*

No caso da participante do seminário, ficou claro para todos os presentes que ela havia encontrado a sua própria verdade mais elevada através da carta do tarô e da voz interior. Enquanto repetia em voz alta as palavras que a voz lhe dissera, ela estava animada, presente, completamente viva. Enquanto relatava a sua história estava apática, distante e temerosa. Mas não éramos nós que deveríamos julgar se a experiência interior dela era válida ou não. Isso só ela poderia fazer. Em vez de dar a minha opinião, perguntei-lhe como tinha se sentido no instante em que soube o que teria de fazer.

— De repente, tudo ficou claro e, então, todo o meu corpo ficou arrepiado.

Ao falar sobre essa sensação, sua fisionomia serena desapareceu novamente e ela começou a rir.

Ter arrepios é um bom sinal — conseguiu dizer finalmente, entre risos. — Toda vez que um pensamento me causa arrepios, quer eu goste dele ou não, acaba sendo a coisa certa a fazer. Suas dúvidas acabaram e ela voltou a sentir que tinha tomado a decisão certa. Voltou para sua cadeira, ansiosa pelo próximo intervalo, para que pudesse ligar para a filha.

Essa mulher sentiu que a voz estava lhe dizendo a verdade. Mas os exemplos de Santo Agostinho e dos quatrocentos profetas demonstram que nem sempre isso é tão claro. Você não tem apenas o direito, mas também a obrigação de submeter as mensagens que recebe interiormente a uma análise objetiva, ou do seu próprio inconsciente e/ou do divino. Felizmente, há uma maneira de verificar se sua voz interior é autêntica. Antes de iniciarmos o exercício desta hora, você aprenderá a melhor maneira de avaliar as informações recebidas. Aprenderá também a fazer com que sua voz interior o ajude a avaliar as mensagens transmitidas por outras pessoas que alegam que suas fontes são divinamente inspiradas. Conseqüentemente, terá menos medo de ser enganado e mais certeza sobre se a voz que você está ouvindo está lhe dando o melhor conselho.

Nesta altura, certamente você está começando a reconhecer que as complexidades e as dinâmicas daquilo que está se passando dentro de você a cada instante e a cada dia podem ser tão fascinantes e desafiadoras quanto as circunstâncias que o cercam. Se você tem se envolvido em processos psicológicos como terapia ou em práticas espirituais como meditação, já começou a se familiarizar com o território desafiador que se encontra dentro da sua mente e do seu espírito. Entretanto, também é verdade que você, provavelmente, ainda está aturdido com a necessidade de ser um sucesso no mundo e que está disposto a colocar suas práticas espirituais mais contemplativas, e aparentemente menos produtivas, em segundo plano quando elas se tornarem inconvenientes ou perturbadoras.

Talvez parte da sua relutância em arranjar tempo para fazer regularmente o tipo de trabalho espiritual recomendado neste livro venha da suspeita de que podem existir algumas vozes dentro de você com as quais você preferiria não conviver, a não ser que fosse absolutamente necessário. Uma voz ciumenta, uma gananciosa, uma preguiçosa ou pior. Todos nós temos essas vozes sombrias dentro de nós. Temos também vozes sábias e conhecedoras — mas até mesmo essas preferiríamos não ouvir de vez em quando, pois suspeitamos que elas podem estar tentando nos transmitir uma mensagem que não gostaríamos de ouvir. Por exemplo, e se a voz com a qual você se deparou no processo anterior estiver pedindo que você faça algo que irá abalar o seu bem-estar e o seu *status quo* — correr um risco — para servir a um propósito maior na sua vida? E se a voz estiver lhe dizendo que você não pode ter o que quer; ou que, na realidade, você não quer aquilo que tem trabalhado com tanto afinco para conseguir? Você quer resolver o seu problema até o pôr-do-sol de hoje — há uma voz forte à sua direita, agora mesmo, pronta para lhe dizer exatamente como fazer isso, como achar a solução que está procurando. Você só não resolveu o seu problema ainda (se não tiver resolvido), porque não está ouvindo o que essa voz está lhe dizendo para fazer. Você está discutindo com ela ou a está ignorando porque não quer fazer o que ela diz que você deve fazer para crescer.

Um especialista nesse assunto é o operador autônomo da bolsa de valores Edward Allen Toppel, que passou quase vinte anos na Bolsa de Mercadorias de Chicago. No mesmo dia em que Toppel teve seu maior lucro comercializando ações da IBM, ele passou por uma experiência esclarecedora, que formou a base do seu livro *Zen in the Markets: Confessions of a Samurai Trader*.

A essência da sua descoberta é a seguinte: Existem apenas quatro regras para se ganhar dinheiro investindo e negociando na bolsa de valores. 1. Compre na baixa, venda na alta. 2. Deixe os lucros correrem soltos, suprima as perdas rapidamente. 3. Junte-se aos vencedores, não aos perdedores. 4. Siga a tendência.

Parece fácil. Então por que tantas pessoas que atuam no mercado de ações acabam não sendo tão bem-sucedidas? Toppel explica que as pessoas ignoram a voz de sabedoria interior que conhece essas regras. Em vez disso, elas se sintonizam com as vozes do orgulho, da cobiça, da culpa, da vergonha, do medo e com outras vozes do gênero que são guiadas pelo ego. Na opinião dele, o problema começa quando assumimos uma posição no mercado e ela não se transforma num sucesso de imediato.

O ego começa a fechar o cerco sobre a nossa capacidade de fazer a coisa certa, isto é, de nos livrarmos dos nossos perdedores imediatamente. O ego produzirá os motivos mais fantásticos para permanecer nessa posição que mina o dinheiro, seja em ações, títulos, opções ou futuros. Ele luta conosco todo o tempo e nos impede de perceber a tempo que é melhor engolir o orgulho e fazer a coisa certa.

Toppel continua, explicando que, quando era corretor da bolsa com Bear e Stearns, o pensamento guiado pelo ego de alguns dos seus clientes era o de que não se tem uma perda até que se aceite essa perda. "Eles persistiam, até que o mercado provasse que estavam certos. Que ridículo e que dispendioso isso era para alguns deles!"

Muitas vezes, trabalhamos arduamente para não ouvir a voz da sabedoria, que sempre sabe o que é melhor para nós. Foi uma dessas vozes que sussurrou para mim durante anos, antes que comprássemos a "casa dos nossos sonhos", há quatorze anos. A voz sussurrava insistentemente que o prêmio não valeria o sacrifício. No fundo, eu sabia que quando finalmente conseguíssemos a casa grande no melhor bairro, com vista para a Baía de São Francisco, Dan e eu nunca teríamos a oportunidade de desfrutá-la — estaríamos ocupados demais trabalhando em tempo integral para pagar o financiamento. A fantasia que eu tinha de correr pelos gramados com meus filhos pequenos ficaria com a babá, que eu teria de contratar. Porém, quanto mais Dan e eu nos esforçávamos com os corretores de imóveis e com os bancos, sentindo a sensação de poder gerado pelo ímpeto de batalhar e conseguir uma casa além das nossas posses, menos eu era capaz de admitir a presença dessa vozinha "desleal" — muito menos para mim mesma.

Quando ignoramos as vozes da sabedoria por muito tempo, acabamos inevitavelmente tendo problemas. Desde o momento que assinamos o financiamento, começamos a afundar financeiramente. No final, nossa despesa estava tão grande e a escala de trabalho tinha se descontrolado de tal forma que fui obrigada a admitir a autenticidade da voz que tinha me alertado contra essa decisão e que, agora, nos dizia que devíamos sair dali o mais rápido possível. Finalmente, dei ouvidos a ela e passei vários anos me equilibrando nos altos e baixos da recuperação financeira, emocional e espiritual. Agora, tento com afinco passar por cima do meu ego e ouvir a minha voz da sabedoria interior mais cedo.

Como Saber Qual é a Voz Verdadeira? 125

Dessa maneira posso geralmente sair a tempo de qualquer problema a que esteja me dirigindo, para que o tempo de recuperação não seja tão doloroso e tão esmagador como o da primeira vez. Assim como o I Ching conforta aqueles que têm ignorado ou discutido com suas vozes interiores, podemos dar graças a Deus pelo fato de que "a vida segue em frente, deixando os erros para trás".

Uma das formas que usamos para não ficar afinados com o nosso conhecimento interior é nos ocuparmos de tal maneira que os pensamentos incômodos não podem vir à consciência. Você já notou como várias pessoas muitíssimo bem-sucedidas se sentem incomodadas quando as coisas ficam tranqüilas demais à sua volta? Por que reagimos com tanta ansiedade e impaciência quando temos de encarar um período de inatividade? Quantas pessoas ambiciosas que você conhece deixam normalmente de passar suas férias tranqüilamente sentadas com um bom livro numa praia isolada para assistir a um campeonato de tênis ou percorrer dez cidades da Europa em doze dias? Outro dia, minha amiga Donna e eu caminhávamos pelas ruas sem asfalto ao redor do lago Radnor, saboreando nossos momentos de tranqüila amizade, quando nos deparamos com um executivo que fazia sua hora de exercícios diários em meio à natureza, ao mesmo tempo que discutia sobre negócios no telefone celular!

Eu acho que as pessoas fazem isso com elas mesmas porque, quando param de fornecer novas informações para a atividade barulhenta do cotidiano, suas vozes interiores têm a oportunidade de serem ouvidas. Achamos que somos espertos por evitar nosso momento de ajuste de contas interior, mas a verdade é que, se não deixarmos que nossas vozes interiores passem para o nível da consciência, elas se farão notar através de problemas. Como os acontecimentos externos certamente chamam a nossa atenção — *como o problema que você está tendo de enfrentar hoje* —, é exatamente isso o que conseguimos. Mesmo que seja doloroso ouvir o que a voz está lhe dizendo, não seria melhor saber mais cedo com o que é que você está lidando na verdade, a tempo de fazer alguma coisa, do que ser acometido inúmeras vezes pela "má sorte" ou por surpresas desagradáveis?

Logo você terá a oportunidade de conhecer a voz da sabedoria interior — uma voz que você sempre poderá ter certeza de que está do seu lado — e também todas as outras vozes que habitam o seu universo interior.

Desde o início desta manhã, tenho me referido com freqüência às "vozes". A palavra *vozes* é uma descrição poética, um artifício psico-espiritual que nos faz pensar na nossa experiência interior. Talvez você prefira pensar que essas vozes sejam características pessoais, conhecimento e sabedoria divinas ou influências inconscientes — como as coisas que você aprendeu na escola, a maneira como seus pais viam o mundo, e assim por diante — ou, a alternativa que considero mais provável, um pouco de tudo. Independentemente de como você encara essas comunicações, o objetivo é identificar essas vozes dentro de você e fazer com que elas travem um diálogo produtivo: ajudando-as a trabalhar juntas na abordagem dos desafios e dos conflitos — tanto internos como externos; ajudando-as a explorar as novas fronteiras da sua criatividade e da sua intuição para, simplesmente, desfrutar a oportunidade de conhecer e compreender o milagre que você é.

Talvez você ache que toda essa discussão sobre vozes seja maluquice, ou algo que se aplica mais às pessoas da ala psiquiátrica do que a você. Pense bem. As vozes estão e têm estado dentro de você toda a sua vida. Se você não acredita em mim, vamos supor que você esteja prestes a fazer alguma coisa que você sabe que está errada — você sabe o que é certo. *Quem é que sabe que está errado?* Talvez você tenha pensado nessa voz como sua consciência. Eu a chamo de Eu Superior, uma parte de você que tem uma perspectiva mais abrangente e uma percepção maior, que sempre cuidará do seu bem-estar. Essa é a voz que você pode ter certeza de que vai indicar o caminho que o conduzirá a uma sintonia com a ordem invisível do universo. Nem sempre opto por ouvir a voz do meu Eu Superior, mas sei que ela está sempre à minha disposição, se eu estiver disposto a colocar de lado o ego "posso conseguir sozinho" do hemisfério esquerdo do cérebro durante um tempo suficiente para pedir ajuda.

Agora, vamos analisar outra situação que suscita uma voz bem diferente dentro de você. Algumas vezes você tenta fazer algo, mas não consegue atingir seu objetivo. Você sabe que poderia ter se saído melhor e se sente péssimo por causa disso. Quem sabe que você poderia ter feito melhor? *Quem lhe diz para se sentir mal com isso?* Essa é a voz que eu chamo de Crítica. Você sabe que está lidando com a Crítica quando as palavras e os tons lembram-lhe o professor de gramática que você mais detestava, ou qualquer um daqueles adultos que sabiam exatamente como "vencê-lo" quando você era jovem. *"Você é um perdedor. Nunca será ninguém. Como pode ser tão estúpido?"* Ninguém passa pela infância sem ouvir isso em uma ou outra ocasião infeliz. O interessante é que até mesmo a voz Crítica — apesar de mal-orientada — pode, à sua maneira peculiar, estar cuidando do seu bem-estar. Ela está procurando impedir que você passe por experiências de dor, tentando fazê-lo desistir antes de fazer papel de tolo. Se você ouvir essas palavras da sua voz interior primeiro, não precisará ouvir do mundo exterior mais tarde. A Crítica pode ser bem-intencionada — ou não. Mas, de qualquer modo, a voz de uma autocrítica severa não tem que ser a única voz que ouvimos, mesmo que muitas vezes ela seja a mais estridente.

A voz do Eu Superior e da Crítica são duas das vozes mais importantes, mas há muitas outras. Existe uma criança dentro de você. Na verdade, provavelmente, existem muitas. Talvez você tenha uma criança amorosa e alegre, que se manifesta quando você tem um trabalho maçante para fazer, tentando convencê-lo a deixar o que está fazendo para se esconder no jardim. Pode ser que você tenha também uma criança chorona e carente, que não recebeu amor e atenção suficientes quando você era criança e que ainda implora para que as suas necessidades sejam atendidas. Você tem vozes dinâmicas e empreendedoras dentro de você — aquelas que estabelecem os seus objetivos e são capazes de grandes realizações, e também as vozes sonhadoras e as intuitivas — zeladoras espirituais e místicas. Sua vida interior é tão rica e diversificada quanto um panteão de deuses e deusas gregas. Na realidade, a mitologia e as lendas — na opinião de muitos psicólogos — podem muito bem representar o mundo interior que se manifesta através da história e da arte. Como afirmou o filósofo Rollo May, na antiga Grécia:

> ... Quando os mitos eram cheios de energia e força, as pessoas eram capazes de encarar os problemas da existência sem muita ansiedade ou sentimentos de culpa. Como conseqüência, vemos que os filóso-

fos dessa época achavam que a beleza, a verdade, a bondade e a coragem eram valores do ser humano. Os mitos libertaram Platão, Ésquilo e Sófocles para criarem seus magníficos trabalhos literários e filosóficos, que hoje chegam até nós como um tesouro.

Durante o processo da quinta hora, você achará interessantes algumas das vozes que encontra e rejeitará outras de imediato. O curioso é que as vozes também julgam umas às outras. Você está enfrentando um conflito interior? Está dividido entre duas opções? Talvez seu *stress* esteja sendo causado por vozes conflitantes que lutam para chamar a sua atenção. Por exemplo, sua secretária pede um aumento que não merece e você fica aborrecido, sem saber o que fazer. A criança amorosa interior diz sim! Mas a criança interior sempre quer dar aos outros. A Crítica diz que, se você der o aumento, estará se entregando novamente. Mas você sabe que a voz crítica sempre irá manifestar seus maiores medos.

Talvez você esteja pensando em mudar de profissão. Sua voz dinâmica e empreendedora o impele a correr esse risco! Vamos lá! Enquanto isso a criança carente interior fica aterrorizada com as novas perspectivas. A deusa sonhadora logo desistiria e passaria seus dias em contemplação. Tantas vozes competindo para chamar a sua atenção!

A questão não é como se livrar de todo esse discurso incessante que está acontecendo na sua mente e no seu espírito, mas sim se você gostaria de saber quais são as vozes que merecem ser ouvidas; se esse diálogo interior se dará num nível inconsciente, influenciando suas decisões sem que você tenha uma participação ativa ou se, em vez disso, você está disposto a se envolver de forma consciente no processo de abranger o máximo possível do seu eu autêntico. Quando existem problemas no seu mundo interior ou exterior, será que as vozes têm de travar uma batalha entre si — ou será que você pode apelar para o seu Eu Superior, para a sua capacidade inata de julgar e discernir, de mediar e conciliar para ajudá-lo a encontrar uma solução? Será que existe uma voz capaz de ouvir todas as outras e depois tomar uma decisão equilibrada que traga benefícios para todas as outras vozes? Como em breve você terá meios de identificar suas vozes interiores, poderá ficar menos medroso com relação à perspectiva de ser enganado e poderá avaliar melhor qual delas está dando o melhor conselho. Antes de completar o processo desta hora, você terá não só os instrumentos para avaliar as informações recebidas interiormente, mas saberá também como pedir que suas vozes interiores o ajudem a avaliar as informações que recebeu de outras pessoas, que podem ou não ter o discernimento necessário para reconhecer a autenticidade das vozes que estão sintonizando, como você próprio terá em breve.

Doze

O Seu Conselho Diretor

Em algum momento, no decorrer do dia de hoje, uma ou mais das suas vozes interiores estiveram agindo dentro de você. Se você já resolveu o seu problema, pode ser que tenha sido capaz de se sintonizar com uma voz que lhe ofereceu a idéia e a orientação que você sabia, intuitivamente, que eram verdadeiras. Uma segunda possibilidade é que a voz ou vozes com que você entrou em contato lhe deram informações e conselhos que você não sabe como avaliar. Se você não se encaixa em nenhuma das situações anteriores e está começando a acreditar que é a única pessoa no mundo que não tem um Eu Superior a quem recorrer, e que é um tolo por ter gasto o seu tempo comprando este livro, pode ser que a voz que esteja ditando as regras para você hoje seja a sua crítica interior.

Durante este processo da quinta hora, um exercício por escrito, você terá a oportunidade de se familiarizar com a voz ou vozes mais importantes que têm se comunicado com você hoje — bem como com algumas que têm atuado sorrateiramente por trás dos bastidores, sem o seu conhecimento. Assim, você será capaz de fazer com que elas travem um diálogo produtivo.

 Processo: Diálogo com as Vozes Interiores

Chegou a hora de encontrar um lugar confortável onde você possa escrever durante cerca de uma hora, sem ser incomodado. Depois que estiver instalado, leia todo o resto do exercício, seguindo as instruções dadas.

✻ Para iniciar o processo, pense em suas vozes interiores como um conselho diretor interno. Na maioria das empresas, a diretoria se reúne regularmente para discutir questões referentes ao bom funcionamento da organização. Neste caso, a empresa é você. Quando existem problemas, decisões ou questões desafiadoras, geralmente surgem opiniões bastante divergentes. Obviamente, as pessoas tentarão defender, de maneira mais ou menos bem-sucedida, as idéias que melhor lhes convêm. Se o conselho for bem administrado, haverá alguém para conduzir as vozes de maneira justa, certificando-se de que todos os membros sejam ouvidos e respeitados. As vozes serão estimuladas a dialogar entre si, com o objetivo principal de chegar a um consenso. Talvez nem todos os participantes fiquem satisfeitos com todas as decisões ou concordem com todos os detalhes — na verdade, vários grupos possuem seu próprio chato-de-galocha, que tem as opiniões mais esdrúxulas e faz os comentários mais desagradáveis. Porém, num processo saudável, há um consenso geral de que para o bem da empresa como um todo, as posições de cada membro podem e devem dar lugar à sabedoria do grupo.

Hoje, você irá submeter o problema que deseja resolver até o pôr-do-sol ao seu conselho diretor interno e pedir que ele chegue a um consenso sobre o que irá funcionar melhor para você. Se você já tem uma solução para o problema ou recebeu uma importante comunicação de uma das vozes em particular, peça que ela fale primeiro. Se não, a Crítica será a primeira a falar. O martelo está na sua mão. Imagine as vozes enchendo a sala de reuniões dos seus sonhos. Talvez se assemelhe à câmara do senado, a um centro de retiro aconchegante ou ao centro de operações da IBM. Você vai tomar nota tanto das suas perguntas e comentários, inclusive do pronunciamento de abertura — que lhe darei em breve em negrito —, como das respostas espontâneas dos membros da diretoria. *Quaisquer orientações e comentários que eu quiser lhe dar e que não precisem ser anotados estarão em itálico.* Demore-se cerca de cinco minutos em cada resposta, deixando que cada membro, um de cada vez, fale qualquer coisa que vier à sua mente. Assim como na primeira hora do processo, quando você estabeleceu o seu objetivo para o dia, escreva sem parar, o mais rápido que puder. Não conduza seus pensamentos — siga-os. Se nada lhe vier à mente, escreva "nada vem à minha mente". Se tiver dificuldade para escrever sobre algo em particular ou sentir que não consegue afastar do caminho sua mente racional voluntariosa, passe a caneta para a mão com a qual você é menos hábil. Não corrija os erros. Chegou a hora, afinal, de abrir a sessão e pedir que o primeiro membro se manifeste.

A primeira voz, por favor, nos diga: Qual a sua posição com relação ao problema que eu quero resolver até o pôr-do-sol? Você tem alguma solução satisfatória em mente? Se tiver, diga qual é. Se não — o que a está impedindo?
Copie essas perguntas de abertura e depois continue com a resposta da primeira voz. Deixe que ela se apresente: É o Eu Superior? A Crítica? O Soldadinho de Chumbo? Depois de escrever por mais ou menos cinco minutos, dê oportunidade para que todos os outros membros expressem sua opinião.

O que a Crítica tem a dizer sobre isto?

O que a voz Acalentadora tem a dizer sobre isto?

O que a Criança Interior tem a dizer sobre isto?

Alguém mais gostaria de dar sua opinião neste momento sobre qualquer uma das vozes que se expressaram — ou sobre o meu papel como presidente do conselho?
Continue fazendo essa última pergunta e registrando as respostas até que todos os membros presentes tenham tido oportunidade de falar. Em seguida passe para a próxima instrução.

Chegou a hora de ouvir nosso conselheiro especial, o Eu Superior (*novamente, se ele já tiver falado*). Eu Superior, depois de ouvir todas essas vozes, qual é a sua opinião? Se já tiver me enviado um sinal, um símbolo ou uma imagem em sonho que eu não tenha entendido mui-

to bem, está na hora de me revelar o seu significado. O que significa? Que orientação está tentando me dar?

O Eu Superior detém a sabedoria do conselho: é a voz da visão e da experiência juntas. Ele tem a presença de espírito necessária para ajudá-lo a discernir todas as contribuições feitas pelos outros membros.

Depois que o Eu Superior tiver falado, pergunte a si mesmo se houve consenso. Será que todos os membros do conselho acataram a orientação do Eu Superior? Se a resposta for afirmativa, você pode encerrar essa reunião de diretoria.

Se não chegou a uma solução, você abrirá uma sessão de debates. Comece com a voz mais estridente, forte e irritante. Se essa for a primeira participação dela, pergunte o seu nome. Deixe que todas as vozes já identificadas — ou qualquer nova voz que queira participar do debate — digam, a quem elas quiserem, o que acham de você, das outras vozes ou das idéias que elas têm... Se estiver tendo problemas para diferenciar as vozes, utilize sua mão dominante para as vozes mais fortes e a outra para as mais fracas. Com a autoridade de quem convocou a reunião, você ou o Eu Superior podem interceder sempre que necessário para se certificarem de que as vozes estão respeitando umas às outras — quer elas concordem ou não uma com a outra. Se achar que seria bom ter um exemplo desse exercício antes de tentá-lo, pode ler a amostra do "Diálogo com as Vozes Interiores" a seguir, para ter uma noção de como inúmeras vozes podem trabalhar em conjunto para chegar a um consenso.

Quando terminar esse processo — ou obtendo um consenso ou percebendo que, por enquanto, isso parece não ser possível — encerre com a seguinte declaração:

Membros do conselho, Eu Superior, eu gostaria de agradecer a colaboração de todos vocês. Reunião encerrada.

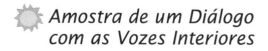

Amostra de um Diálogo com as Vozes Interiores

**A primeira voz, por favor, nos diga: Que posição tomou com relação ao problema que eu quero resolver até o pôr-do-sol? Você tem uma

solução satisfatória em mente? Se tiver, diga qual é. Se não — o que a está impedindo?
Não consigo pensar em nada para dizer. Sinto-me culpada demais por sacrificar o tempo em que eu deveria estar no escritório para me concentrar nesse exercício bobo. Será que estou agindo da maneira certa ao tentar resolver o meu problema deste jeito novo? Já ouvi essa voz antes. Certamente, sou a Ansiosa. Sou cuidadosa e conscienciosa, muito parecida com sua irmã mais velha, Katy. Ela também se preocupava muito com você. Acho que o meu trabalho deve ser mantê-lo seguro.

O que a Crítica tem a dizer sobre isso?
Estou cansada dessa estúpida Ansiosa. Ela acha que é como a sua irmã mais velha, a Katy. Mas isso não é verdade. Ela não é tão bem intencionada. É apenas uma grande preguiçosa, que não serve para nada e está sempre procurando uma desculpa para que você não faça o seu trabalho. Você está procurando desculpas, como sempre. Sou Crítica e me orgulho disso. Sempre falo a verdade, mesmo quando dói. Sou bem parecida com aquela sua professora de gramática — num dia ruim. Talvez você não goste das coisas que tenho a dizer, mas tenho um importante trabalho a fazer. Tenho certeza de que você é sempre muito certinho e não se envolve em mais problemas além dos que pode resolver.

O que a Acalentadora tem a dizer sobre isso?
Acho que a Crítica está sendo terrivelmente injusta com a Ansiosa e com você também. Tudo o que a Ansiosa quer é protegê-lo. Acho que você deveria fechar a boca da Crítica e prosseguir com o exercício. É claro que você está fazendo a coisa certa, como sempre. Está tentando encontrar, com coragem e determinação, uma nova maneira de agir. O problema que você tem em mente hoje é muito importante. Diga para pararmos com o bate-boca tolo e abordarmos a questão que você quer resolver até o pôr-do-sol. Você saberá o que fazer.

O que a Criança Interior tem a dizer sobre isto?
Concordo com a Acalentadora, mas acho que deveríamos primeiro fazer um intervalo. Sou uma Criança que adora se divertir e acho que está

uma tarde tão bonita, e nos divertimos tanto na última hora caminhando na floresta, que deveríamos tentar novamente. Sei que nos esquecemos de fazer a nossa tarefa. Bem, talvez possamos nos sair melhor depois.

Alguém mais gostaria de registrar sua opinião neste momento?

Se ninguém quiser falar, chegou a hora de ouvir nosso conselheiro especial, o Eu Superior. Eu Superior, depois de ouvir todas essas vozes, qual é a sua opinião? Se você já tiver me enviado um sinal, um símbolo ou uma imagem em sonho que eu não tenha entendido muito bem, está na hora de me revelar o seu significado. O que significa? Que orientação está tentando me dar?

Mesmo que eu tenha adorado a opinião da Criança, acho que ela não tem idade suficiente para arcar com a responsabilidade de fazer com que este problema seja resolvido até o pôr-do-sol. Farei com que todas nós trabalhemos juntas — e sei que não temos nosso melhor desempenho ao ar livre. Iríamos nos distrair. Sugiro que fiquemos aqui reunidas ao lado da lareira, tentando chegar a um consenso. Acho que é possível. É por isso que lhe enviei aquela imagem em sonho. Lembre-se: você estava confusa sobre isso o tempo todo. Mas agora irá entender. Você sonhou que estava se afogando e, então, de repente, os dedos do seu pé tocaram o fundo. Você percebeu que não era fundo. Tudo o que tinha de fazer era ficar de pé. Você acha que esse é um problema enorme, mas não é. Estamos realmente muito mais próximas uma da outra do que você imaginava — e a solução também está muito mais próxima da superfície do que você imaginava. Ansiosa, parece que você tem algo a dizer. Vá em frente.

Ansiosa: Não estou certa sobre se temos tanto em comum e sobre se este problema seria resolvido ficando de pé. O que a Crítica disse antes me magoou. Não sou preguiçosa e inútil. Por que você sempre quer me ferir? Eu não consigo ir em frente da maneira como as coisas estão. Não sou preguiçosa. Só preciso de um pouquinho de tempo para entender as coisas. Por que você não me deixa em paz?

Crítica: Se eu a deixasse em paz, você iria desperdiçar sua vida brincando e vagabundeando por aí com a Criança, como fez no último processo.

Acalentadora: Brincar e espairecer por aí seria ótimo para a Ansiosa. Muito bom mesmo. Mas acho que não é ela que está falando agora. Acho que quem realmente está falando é a Voz Vulnerável — a voz que a Ansiosa está tentando proteger.

Voz Vulnerável: Você está certa. Sou grata à Ansiosa por cuidar tão bem de mim. Mas acho que terei que encontrar uma maneira melhor de fazer as coisas. Na realidade, não quero fugir às minhas responsabilidades.

Crítica: Não acredito em você.

Voz Vulnerável: Se o Eu Superior confirmasse que estou dizendo a verdade, você acreditaria?

Crítica: Talvez.

Eu Superior: A Voz Vulnerável está dizendo a verdade. Ela é uma parte de você que está pedindo ajuda. Ela não é preguiçosa, está trabalhando com afinco agora — só que não da maneira que estamos acostumadas a trabalhar.

Voz Não-identificada: Você está se deixando enganar, Eu Superior. A Crítica está certa. Ficar sentada aqui, escrevendo bobagens, quando poderia estar no escritório trabalhando. Isso é improdutivo.

Eu Superior: Quem é você?

Voz Não-identificada: Sou a Dínamo, colega Crítica, aquela que cuida do seu bem-estar. Levo todas nós para o escritório para ganhar dinheiro. Por mim, estaríamos trabalhando oitenta horas por semana. Sem mim, você fracassaria.

Segunda Voz Não-identificada: Não é verdade. Meu nome é Supermulher. Fui eu que comprei este livro. Eu costumava trabalhar oitenta horas por semana — assim como a Dínamo gostaria de fazer. Mas você se lembra aonde isso nos levou? Ficamos doentes. Na verdade, é por isso que estamos aqui hoje. Estamos decidindo o que fazer com o fato de que desde que reduzi minha carga de trabalho para razoáveis quarenta horas semanais, nos tornamos infinitamente mais produtivas. Mas o patrão acha que estou relaxando, exatamente como a Crítica. Vocês são duas idiotas. Agora vou ter que pensar no que fazer. Será que volto a trabalhar oitenta horas por semana para fazer média com o patrão — ou peço demissão?

Crítica: Você está querendo dizer que a sua produtividade não caiu nem um pouco?

Supermulher: *Au contraire*. Fechei mais vendas durante o último trimestre trabalhando um número normal de horas do que quando trabalhava naquele esquema maluco que o meu patrão queria.

Dínamo: Seu patrão sabe disso? Aposto que, se alguém lhe dissesse, ele iria analisar o seu caso.

Supermulher: Nem pensar! Ele não ia gostar nem um pouco. Ele acha que seria um péssimo exemplo para os outros representantes de venda.

Eu Superior: Mas e se você pedisse para receber comissão em vez de salário?

Presidente: Hum... A idéia é interessante. Sam pediu isso há vários meses e funcionou muito bem para ele.

Crítica: É, mas eu conheço você. Se você recebesse comissão iria só brincar por aí com a Criança o tempo todo. Não iria fazer nada. Morreríamos de fome.

Criança: Eu não quero morrer de fome! Por favor, Supermulher, não deixe que eu morra de fome! Eu faço qualquer coisa!

Supermulher: Criança, você promete se manter ocupada durante o horário de trabalho, para que eu possa ganhar dinheiro para nós se eu prometer — sem cruzar os dedos — brincar com você todos os dias quando eu voltar do trabalho?

Criança: Prometo.

Eu Superior: Então está certo? Todos concordamos? A Supermulher pedirá ao patrão para ganhar comissão e a Criança a deixará em paz durante o expediente para que ela possa ganhar dinheiro. Está bem assim para todos vocês?

Dínamo: Hum, hum!

Acalentadora: O que for melhor pra você, querida.

Voz Vulnerável: Contanto que você prometa cuidar bem de mim.

Ansiosa: Ainda não estou certa de que isso vai funcionar, mas, que diabos, vale a pena tentar.

Eu Superior: E você, Crítica? Você achou que ia ser um desastre quando a Supermulher reduzisse as horas de trabalho — e a produtividade aumentou. Dínamo, Ansiosa, Acalentadora, Criança, Crítica — todas vocês querem o melhor para o Presidente. Vocês concordam em trabalhar juntas para mantê-lo nos trilhos? Vocês não acham que podem confiar uma na outra?

Crítica: Bem, talvez um pouquinho. Mas vamos deixar claro que eu não concordo com esse plano de ação. Entretanto, como o conselho de diretoria chegou a uma decisão levando em consideração o meu ponto de vista, vou concordar com a maioria.

Eu Superior: Agradeço a generosidade do seu espírito, Crítica. Vou dizer uma coisa. É verdade que algumas vezes você tem razão quanto ao passado. Talvez pudéssemos tentar essa estratégia durante mais ou menos um mês. O Presidente pode pedir para ganhar temporariamente uma comissão para ter certeza de que todas vocês estão fazendo a sua parte. Se não funcionar, ele pode pedir para voltar a ter um salário. Concordam?

Todas as Vozes em uníssono: Concordamos.

Presidente: Membros do conselho, Eu Superior, eu gostaria de agradecer a colaboração de todas vocês. Reunião suspensa.

Treze

O Teste do Profeta

Terminado o capítulo da quinta hora, "Vozes Diferentes", voltaremos à nossa preocupação inicial. Como saber qual é a voz verdadeira?

A resposta imediata é: todas as nossas vozes interiores são "verdadeiras". Todas têm uma importante contribuição a dar — um importante papel a desempenhar. Através do diálogo interior, podemos deixar que as vozes se testem, que desafiem os inúmeros pontos de vista que elas representam e trabalhem juntas para chegar a um consenso. Se você vislumbrou uma solução hoje, pode testar a voz que trouxe a informação, submetendo-a ao processo que acabei de compartilhar. Se a sua intuição estiver lhe dizendo que essa solução o colocará em sintonia com a ordem invisível, pode ser que ela passe pelo teste da sua crítica mais feroz. Se isso não acontecer, você logo descobrirá que o que você achava que era a solução perfeita, na realidade não passava de fantasia.

Lembro-me de um dia, por exemplo, pouco depois que recebi a faixa marrom no karatê. Eu havia passado da faixa branca para a laranja com empenho e determinação. Com o karatê, descobri níveis profundos de autodisciplina, que eu não sabia que tinha. Sentia-me forte, confiante e estável — física, mental e espiritualmente. Dan e eu praticávamos juntos, fato que ajudou a fazer com que o karatê se tornasse muito importante na minha vida. Porém, entre a faixa laranja e a marrom, fiquei grávida. De repente, o que parecia fácil e inspirado ficou difícil. A necessidade imperativa não existia mais, mas, estimulada pelo meu mestre, esforcei-me para conseguir a faixa marrom — mesmo com um pequeno intervalo para dar à luz a Jody. Porém, quando retomei as aulas depois do parto, as coisas não estavam mais fáceis. Apesar do estímulo de Dan, eu tinha que fazer mais esforço do que nunca para me manter motivada.

Um dia, antes da aula, sentindo-me profundamente confusa, dei uma longa caminhada pela trilha que rodeava a baía perto da nossa casa, em Marin County. Sintonizei-me o melhor que pude com minhas vozes interiores — naquela época, eu ainda não tinha o processo "Diálogo com Suas Vozes Interiores" a que recorrer. Uma voz em particular estava falando comigo. Ela se expressava num tom tão autoritário que achei que não podia ter outra origem senão a divina. A voz me disse que todo mundo tropeça de vez em quando, que a maneira de sair desse abismo não era recuar, mas ir em frente. Eu deveria me dedicar mais do que nunca ao karatê. Eu conseguiria vencer o percurso que me levaria à faixa preta. Valeria a pena. Então, obediente, fiz o que ela disse.

Durante várias semanas, obriguei-me a deixar Jody e Grant para praticar. Eu ia à aula e, junto com Dan, fazia todos os exercícios. Porém, uma tarde eu me vi no espelho do *dojô* — um uniforme branco de karatê fazendo um *kata*. O uniforme/o espelho/a forma: dei-me conta de que eu havia me transformado num fantasma de imagens, realizando mecanicamente um ato ritual, e não na praticante de artes marciais cheia de energia que eu sabia que poderia ser. Para onde tinha ido o meu espírito? De repente, compreendi claramente que, naquele momento, meu crescimento espiritual não estava na prática do karatê — pelo menos não no sentido físico. Decidi então aplicar o que eu havia aprendido nos meus estudos de karatê no aspecto mais premente da minha jornada espiritual: a maternidade. O motivo de toda a minha prática de karatê tinha sido me preparar para isso. Agora era hora de deixá-la para trás e retomar a minha vida. Eu não tentaria conseguir a faixa preta. Por mais difícil que fosse observar Dan continuar com as aulas, eu tinha que fazer isso. Quando comuniquei minha decisão ao professor, meu nervosismo quanto à sua reação se dissolveu diante da onda de ternura, compreensão e humildade que senti por mim mesma. Eu me esforçara para conquistar a faixa marrom com medo de que, se desistisse antes de receber a faixa preta, perderia tudo. Naquela época, eu não sabia o que sei agora.

Que não podemos perder o que realmente nos pertence — mesmo que o joguemos fora.

Porém, e a voz que eu ouvi naquele dia às margens da baía? Ela tinha me falado com tanta autoridade. Depois que tomei a decisão de parar, eu a reconheci, finalmente, como a voz que eu tinha ouvido durante toda a minha vida: a voz que havia me ensinado que o crescimento tem que vir através do sofrimento, do sacrifício e da disciplina. A voz que ouvi naquele dia não era outra senão a minha própria culpa. Eu estava negando os impulsos saudáveis dos meus instintos de mimar a mim mesma e ao meu bebê. Minhas emoções, guiadas pelo ego, haviam sufocado a minha capacidade de reconhecer a voz autêntica da minha consciência superior. Desistir de conquistar a faixa preta para cuidar melhor de mim mesma e dos meus filhos significaria crescimento ou retrocesso? Para mim, naquele momento, renunciar à ilusão da sonhada recompensa do grau máximo do karatê, e voltar a atenção para as minhas necessidades humanas mais prosaicas de alimento e amor, era o caminho heróico a tomar.

Eu não podia contar com um processo como o que acabei de ensinar para me familiarizar comigo mesma e saber diferenciar as várias vozes que se abrigam no meu cérebro. Mesmo assim consegui abrir caminho através da mistura desordenada de opiniões conflitantes que bloqueavam completamente as estruturas do meu conhecimento. Mesmo que esteja contente por ter um processo à mão para recorrer quando me defronto com conflitos internos dessa natureza, tenho resistido à idéia de que tenha encontrado um caminho infalível para me proteger da natureza, muitas vezes desordenada, da vida.

Não use rotineiramente o processo de diálogo de vozes para impedir que sua vida siga o seu curso natural, deixando assim de aprender com seus erros, na crença de que mais cedo ou mais tarde você irá saber qual o desfecho que está a caminho. Mesmo que, por enquanto, você queira usar esse processo de maneira um tanto exagerada, com o tempo você irá aprender instintivamente a reconhecer que pode correr o risco de confiar na sua percepção sem submetê-la a nenhum processo mais científico do que o teste do "arrepio", que funcionou para a mulher que decidiu se reconciliar com a filha.

Porém, a minha história no karatê, ainda que seja inócua, nos leva a um terreno espiritual muito mais traiçoeiro — e até mesmo potencialmente perigoso. Pois, como ilustra essa história, só porque uma pessoa sente intensamente que está tendo uma comunicação clara e direta como o divino, não significa necessariamente que ela tenha uma visão geral da situação. Todos nós temos uma tendência à grandiosidade. É fácil usar coisas simples com sabedoria interior (ou no caso que acabei de relatar, com culpa interior) e fazê-las crescer de tal modo na nossa mente que passamos a acreditar que fomos escolhidos para levar uma mensagem para o resto do planeta. Confesso que, como escritora de literatura espiritual e como estudante de teologia, isso é uma ambição ou um delírio que já tentou me seduzir.

Uma coisa é acreditar que Deus o orientou para conquistar a sua faixa preta ou para escrever um livro de auto-ajuda. Outra, completamente diferente, é acreditar que Deus o autorizou a matar um médico que trabalha numa clínica de planejamento familiar ou aderir a um culto. Se você sentir que foi escolhido para pregar a palavra de Deus a seus semelhantes — ou quando entrar em contato com pessoas que dizem ser inspiradas pelo divino, quer sejam médiuns, ocultistas, revolucionários, escritores, políticos, entrevistadores ou pastores evangélicos que fazem programas na televisão, pode começar testando a autenticidade da sua mensagem submetendo-a ao escrutínio do seu Conselho Diretor. Deixe que essa voz participe do diálogo com as suas próprias vozes e você terá os instrumentos necessários para se proteger do entusiasmo sedutor daqueles que, com uma intensa convicção, tentarão arrebatá-lo para o seu campo de gravidade.

Espero e confio que, com as discussões e experiências mostradas ao longo dos cinco processos anteriores, você tenha adquirido um novo respeito e uma nova compreensão das complexidades, implicações e significados do que representa entrar em contato com a sua sabedoria (e armadilhas), bem como com as vozes interiores de outras pessoas.

Eu gostaria que você usasse o dom da sua percepção e da sua sabedoria para avaliar todas as implicações do que representa libertar-se das limitações do pensamento racional do hemisfério esquerdo do cérebro. Faça essa transição e, em vez de viver induzido pela necessidade de resolver todos os seus problemas quando eles surgirem, você terá apenas um objetivo: viver a vida da maneira mais intensa que puder, confiando que os problemas surgirão e serão resolvidos como conseqüência do crescimento do seu caráter e do seu espírito.

SEXTA HORA

Onze Perguntas

Quatorze

Este é o Seu Momento

*Existe além do simples intelecto, na composição de toda identidade humana
superior, algo extraordinário que percebe sem argumentar...
uma intuição do equilíbrio absoluto, no tempo e no espaço, de toda essa
multiformidade, essa orgia de tolos, essa incrível simulação e inquietação
geral que chamamos de mundo.*
— Walt Whitman

Eu prometi que você resolveria o seu problema até o pôr-do-sol. Se você ainda não teve uma epifania, esta é a hora e o processo que podem fazê-lo. Isso aconteceu com muitas pessoas nos meus seminários — e pode acontecer com você.

Existe, é claro, uma condição. O processo da *Solução ao Pôr-do-Sol* só vai funcionar se você aceitar as quatro premissas com que estamos trabalhando ao longo deste livro. Para refrescar a sua memória, são elas:

1. **Existe uma ordem invisível no universo.**

2. **Nosso bem supremo consiste em nos ajustarmos de forma harmoniosa a essa ordem invisível.**

3. **Tudo o que nos impede de viver a experiência da nossa sintonia com o universo é acidental e pode ser superado.**

4. **As forças que estão além da nossa compreensão já estão envolvidas no nosso processo de resolver problemas.**

Se você completar o exercício desta hora (e mergulhar de cabeça no processo final a seguir) e ainda assim não tiver a solução que procura, a explicação mais plausível é que suas crenças inconscientes estão em conflito com as premissas em que este livro se baseia. Essa não é uma situação irremediável. Na verdade, é uma grande dádiva ter encontrado uma maneira de explorar as ilusões daquilo que você acha que acredita ou gostaria de acreditar para descobrir aquilo em que você realmente crê. Trazendo sua programação inconsciente para a superfície, você pode decidir quais as premissas que quer manter — quais as que quer descartar — e quais as que quer adotar, que irão determinar a maneira como você conduzirá a sua vida. As crenças que você mantiver irão determinar a natureza da sua vida espiritual.

A propósito, você não fica sabendo se vai ser ou não uma pessoa dada às coisas do espírito. Todos nós temos crenças espirituais. O termo espiritualidade, segundo o *American Heritage Dictionary*, vem da palavra *espírito*, que significa "o princípio vital ou a força animadora que acredita-se tradicionalmente está dentro dos seres vivos". A questão não é se você é um ser espiritual — é claro que há uma força animadora vital dentro de você. A verdadeira questão é: de que maneira essas crenças que você tem, enquanto ser espiritual, irão intensificar ou diminuir a sua ligação com os poderes invisíveis do universo? Se você acreditar que a natureza humana é essencialmente pecadora, será atraído pelos velhos paradigmas de autoridade exterior. Se acreditar que os seres humanos são essencialmente bons, estará aberto para o tipo de processo de que está participando hoje. Será que este é um mundo do tipo "cada um por si"? Então sua vida será como uma guerra. Ou será que a natureza humana é amorosa, quando despojada das resistências geradas pelo medo? Se você acreditar nessa última hipótese, então poderá encontrar um lugar para bons relacionamentos e trabalho de grupo na sua vida. Quer você goste ou não, todos nós cremos em alguma coisa. Mas quando você mantém sua visão de mundo no nível inconsciente, torna-se a vítima e não o veículo destas crenças. Você pode trazer suas premissas para o nível da consciência através da honestidade e da auto-análise. Pode optar por se libertar daquelas crenças que não lhe são mais úteis e incorporar crenças novas e mais saudáveis ao seu consciente.

Ralph Waldo Emerson afirmava que cada pessoa tem uma opção essencial a fazer: a opção entre a verdade e a inércia. Aquele que escolhe a inércia

... aceitará o primeiro credo, a primeira filosofia, o primeiro partido político que conhecer — muito provavelmente o do pai. Essa pessoa tem paz, comodidade e boa reputação, mas fecha a porta para a verdade. Aquele em quem o amor pela verdade predomina... submete-se à inconveniência da opinião imperfeita e incerta, mas é um candidato à verdade, enquanto o outro não.

Joseph Campbell, em conversa com Bill Moyers em *The Power of Myth*, descreveu as crenças como um *software* de computador. Você programa o computador com as suas crenças e ele responde de acordo com elas. Se você não gosta dos resultados, troca o programa. Joseph Campbell também gostava de brincar com o *software*, acrescentando novas idéias e retirando outras que ele havia superado.

Se você desconfia que o seu sistema de *software* poderia usar um depurador, avalie a possibilidade de dar um tempo para o problema que escolheu inicialmente e trabalhar durante o próximo processo com a questão de adotar um sistema de crenças mais saudável e mais produtivo. Uma vez feito isso, você poderá sempre aplicar os processos de hoje à questão que se dispuser originalmente a resolver — e a quaisquer outros problemas que possam surgir no futuro. Eu acredito que você descobrirá que esses processos irão ajudá-lo a resolver quaisquer questões com que você possa se deparar.

Posso afirmar isso com um certo grau de certeza porque eu acredito que há um poder superior torcendo por você — um esquema grandioso onde a sua evolução desempenha um papel. Você não estaria aqui, hoje, com esse problema em mente, se um número infinito de milagres já não tivessem acontecido. Analise o momento da sua concepção. Bilhões de espermas foram liberados num ambiente hostil, talvez repetidas vezes, competindo entre si para alcançar o objetivo da fertilização. Apenas um obteve êxito. Foi preciso essa chance quase impossível para criar a configuração exata das características físicas, emocionais, intelectuais e espirituais que são conhecidas como *você*. Se outro esperma tivesse obtido êxito, teria sido a vez de outro óvulo e você seria outra pessoa. E isso não aconteceu apenas com você e com a sua vida em particular, mas com cada um dos seus pais que contribuíram para o seu nascimento, com os pais deles, e assim por diante, retrocedendo até o início da existência humana.

Você tem a prova definitiva de que, com o tempo, os atos da natureza que promovem a vida tendem a ser mais bem-sucedidos do que aqueles que promovem a sua extinção. Como você sabe disso? Porque você existe. A sua presença e a existência do mundo com o qual você se relaciona não são nem racionais nem lógicas. Sua própria existência é profundamente misteriosa. Para estar sentado aqui, lendo estas palavras neste momento, você e aqueles que o precederam sobreviveram a guerras, pestes e holocaustos. Você é a expressão mais comum desse mistério que se manifesta no tempo e no espaço.

Agora, deixe-me perguntar: não faz sentido que essa ordem invisível apóie as qualidades mais profundas que irão assegurar a continuação da evolução da vida no nosso planeta — qualidades como caráter, fé, aceitação e amor? Esse poder superior provavelmente não se importa em saber se você consegue fechar a compra da casa que deseja ou se você é nomeado presidente da empresa. Mas os poderes invisíveis certamente *irão* estimular aquelas qualidades que asseguram a evolução contínua da vida no nosso planeta. Se o que você quer fazer na vida constrói o caráter, incute a fé, permite a aceitação e gera mais amor, e se isso está em harmonia com a solução do seu problema, é provável que o universo o ajude a conseguir a resposta que procura — ou até mesmo algo mais grandioso do que você jamais imaginou. As chances estarão do seu lado porque a sua vontade de resolver o seu problema é, na verdade, a ordem invisível manifestando-se através de você. O Tao, a força da vida, o universo, Deus — independentemente de como você se refere a esses poderes invisíveis — atuam apenas no sentido de apoiar o seu despertar para todo o seu potencial espiritual como um ser humano guiado pela vida. Sua verdadeira responsabilidade é abandonar suas ilusões de controle e ter confiança no seu espírito intuitivo. Confie naquilo que o inspira. Seja um veículo para os poderes invisíveis e deixe que seus problemas se resolvam como conseqüência desse compromisso.

Processo: Onze Perguntas

Farei aqui onze perguntas. Leve o tempo que quiser ou precisar em cada uma delas. Cinco minutos para cada pergunta devem ser mais do que suficientes.

Ao contrário dos exercícios anteriores, desta vez você será convidado a trabalhar com o hemisfério esquerdo do cérebro, de forma tão completa e plena quanto queira. Não se preocupe, na verdade, se a voz que está respondendo está vindo do hemisfério direito ou esquerdo do seu cérebro. Pense apenas em trazer para o processo o melhor que puder neste momento, tendo confiança de que os equilíbrios mais apropriados e as vozes mais evoluídas estarão atuando junto com você para a solução que você está buscando. (É claro que você sempre pode submeter suas conclusões ao processo do conselho diretor estabelecido anteriormente, se quiser.)

Pergunta Número Um:

Qual é a questão que você mais gostaria de resolver neste momento?

Pode ser aquela com a qual você lidou durante todo o dia, mas não se surpreenda se, de repente, algo inesperado e novinho em folha aparecer. Não há necessidade de lutar para resolver exatamente a questão certa. Tudo o que acontecer com você agora estará perfeito. É importante lidar com uma questão de cada vez, à medida que elas surgem. Você sempre pode fazer esse processo novamente, concentrando-se no seu problema original, se — como acontece freqüentemente — ele já não tiver sido resolvido como conseqüência do trabalho realizado na questão que surgiu neste momento.

Pergunta Número Dois:

Qual o resultado que você mais gostaria de alcançar?

Finalmente, aqui está a sua oportunidade de pedir aquilo que você realmente quer. Você não precisa ser racional ou prático — ou se entregar e aceitar. Neste estágio, é importante estar disposto a dizer a verdade sobre seus desejos e necessidades. Se os seus objetivos podem ser alcançados ou não, isso não deve ser levado em consideração.

Você pode dar-se ao luxo desse sonho? O seu desejo é um espaço sagrado. Honre e respeite o desejo do seu coração, mesmo que ele traga consigo indecisão e inquietação, dúvida e medo. A verdade do que você deseja é a própria essência da vida.

Ajuste sua ambição como um indicador de direção, uma estrela-guia que ajudará seu espírito a encontrar o seu caminho. Ainda que anteriormente eu tenha lhe pedido para renunciar ao *stress* e ao ímpeto ligados ao estabelecimento de metas, você ainda tem que estabelecer metas. Não há nada de errado em conceber e perseguir seus sonhos. Você tem o direito a seus desejos e anseios. Tem direito a um relacionamento com a ordem invisível que dá sentido à sua vida. Lembre-se apenas de deixar espaço para o milagre de que talvez você não consiga aquilo que pediu, mas sim algo ainda mais extraordinário do que esperava. Não deixe que suas metas limitem as suas possibilidades.

Pergunta Número Três:

De que maneira você tentou resolver essa situação até agora?

E se você visse seus esforços, independentemente dos resultados, como as ações de um herói — e não de uma vítima? Você conhece os heróis. Pense num filme de ação de sábado à tarde — *Jasão* ou *Ulisses*. Figuras monstruosas de barro animadas virando a cabeça completamente para trás, soltando fogo pelas ventas, dando golpes de espada em pele de borracha. Agora, deixe-me perguntar-lhe uma coisa. Quando é que você pensa em Jasão como um herói? Só no último momento, quando o monstro está prostrado no chão, ofegante, ou o velocino está em segurança na sua mão? Claro que não. Jasão foi um dos primeiros heróis a aparecer na tela. Quando o monstro, momentaneamente, tem o domínio da situação, Jasão ainda é o herói. Por quê? Porque você tem certeza de que, no final, ele levará a melhor.

Agora, deixe-me fazer-lhe outra pergunta. Quando é que você é herói na vida? Apenas no dia em que, finalmente, compra seu primeiro BMW?

Na reunião com seu patrão, quando consegue a tão esperada promoção? Quando recebe uma carta comunicando que seu filho foi aceito na faculdade que ele mais queria? Mas, e quando o BMW quebra, você odeia seu emprego e seu filho deixa a escola para "se encontrar"? Nesses momentos, você consegue estender a si próprio o mesmo conceito de heroísmo que atribuiu aos astros dos filmes clássicos que você pagou para assistir? Que tal respeitar a si próprio, não apenas quando você está de pé no alto da montanha com o velocino de ouro erguido, mas também quando está disposto a enfrentar as Medusas e dragões que surgem na sua vida?

Pergunta Número Quatro:

Por que esta abordagem não funcionou?

Seu maior erro lhe deu o maior dos presentes: a eliminação de uma opção que você nunca mais terá que repetir. William James escreveu:

> A pessoa que sofre por causa do seu erro e critica isso, neste ponto está conscientemente além dele e pelo menos em um possível contato com algo superior... Ela se torna consciente de que essa parte mais elevada é contígua e contínua com MAIS da mesma qualidade, que atua no universo fora dela mesma e com a qual ela pode permanecer em contato e, de certo modo, subir a bordo e salvar a si própria, quando todo o seu ser inferior se despedaçar no naufrágio.

Pergunta Número Cinco:

Quais os ganhos ou benefícios que essa situação lhe trouxe?

Sempre há algum ganho, por mais que você ache difícil admitir isso agora. As pessoas deram atenção ao seu problema? Demonstraram solidariedade? Esse problema o levou a lugares, à terapia ou seminários, ou o levou a comprar presentes para você mesmo, como este livro? O que esse problema que você decidiu resolver hoje lhe trouxe de bom?

Pergunta Número Seis:

De que outra maneira você poderia obter o mesmo ganho, mas de forma mais vantajosa para você?

Durante todo esse tempo, você vem se tornando mais forte. Você esperou pacientemente que chegasse o momento de avançar e reivindicar uma maneira melhor de exigir o respeito e a dignidade que merece. Talvez você tenha pensado que esse momento de reivindicação só pudesse vir quando você tivesse se aperfeiçoado: você trabalhou com tanto afinco para ter domínio sobre si, tentando ser bom o bastante para silenciar aquelas vozes que o exploram e o debilitam. O I Ching ensina:

> Só quando temos coragem para enfrentar as coisas exatamente como elas são, sem nos enganar ou nos iludir, é que uma luz surge dos acontecimentos, para que possamos reconhecer o caminho do sucesso.

Pergunta Número Sete:

De que modo você pode mudar essa situação?

Essa é uma pergunta que requer honestidade e coragem. Você terá que separar o emaranhado de fios que complicam muitas das questões com as quais você se depara, determinando por quais você pode fazer alguma coisa e por quais não pode fazer nada. Talvez isso pareça impossível. Mas sempre há alguma coisa que você pode mudar com relação à questão que está enfrentando. Você não pode mudar as circunstâncias, mas pode mudar a sua atitude diante de uma situação. Neste ponto do processo, talvez seja pedir demais que você pergunte a si próprio o que pode ser feito para resolver o seu problema. Mas, em todo caso, você pode facilmente se perguntar o que contribuirá para criar as condições ideais para que você possa encontrar a solução que procura.

Pergunta Número Oito:

O que você tem de aceitar com relação a essa situação?

Você pode influenciar o seu mundo exterior — mas não pode obrigá-lo a seguir o seu comando. Quando você abandona as suas ilusões, é obrigado a lidar com a questão de quem *você* é — privado de falsas esperanças e da opinião das outras pessoas. Pergunte a si mesmo: O que pode ser alcançado agora que as fantasias se foram? Abandone suas ilusões e, em determinado momento, vai parecer que a própria construção da sua vida está prestes a desabar. Deixe estar. Você pode estar certo de que é preferível ter a mais modesta das estruturas de uma vida construída em terreno firme — do que a mais elaborada das estruturas construída sobre a areia. Quando você puder admitir o quanto da sua fundação foi edificada no terreno instável da ilusão, descobrirá que está livre para correr mais riscos na vida. Por quê? Porque você se dá conta de que o tempo todo tinha menos a perder do que temia.

Pergunta Número Nove:

Qual é o seu maior medo com relação a essa situação?

A essência do ato de correr riscos, no fundo, é o medo do desconhecido. Geralmente, temos medo daquilo que não podemos controlar porque, na verdade, temos medo do fracasso. Foi esse medo do fracasso que nos levou aos "velhos paradigmas" dos modelos de controle. Isso não significa que nunca sentiremos medo. É normal, humano e muitas vezes bom sentir-se angustiado com a perspectiva de correr algum risco.

É essencial, sobretudo quando estamos em transição, que possamos sentir todas as nossas emoções: tristeza e pesar por aquilo que está indo embora; inspiração frente a novas possibilidades e uma doce antecipação quando reconhecemos e abrimos espaço para as maneiras novas e estimulantes de ser que estão criando raízes na nossa alma. Dessa maneira, usamos uma faixa mais larga do nosso potencial humano. Ficamos mais apoiados naquilo que é verdadeiro, menos propensos a adormecer na direção das ilusões da vida.

A pergunta, na verdade, não é como deixar de ter medo, mas sim como considerar o medo uma parte normal e sadia do amplo espectro de sentimentos que nos torna mais humanos.

Pergunta Número Dez:

Qual é a verdade a respeito dessa situação?

Quando disser a verdade, certifique-se de falar toda ela. Você é uma daquelas pessoas que se afundam no drama da própria vida, debatendo-se no lado mais sombrio das emoções? Quando você diz toda a verdade tem de estar disposto a reconhecer e aceitar o que você e a situação têm de positivo, assim como os aspectos que você gostaria de poder mudar. Às vezes é tentador se atolar num pântano de autocomiseração disfarçada de auto-aprimoramento. Mas diga toda a verdade e se dará conta de que enquanto algumas coisas podem estar desmoronando, outras estão se encaixando.

Pergunta Número Onze:

O que você está disposto a fazer agora para alcançar a solução que procura?

Quando o seu imperativo interior se torna mais forte do que seus medos, você tem acesso a um *Eu* que está completamente disponível para receber o nível de solução que você verdadeiramente quer e merece. A pessoa que começou esse processo não é a mesma que chegou à pergunta número onze. Algumas vezes, aquilo que você tem de estar disposto a fazer requer ação — algumas vezes essa ação vai estar dentro dos limites do seu coração. Talvez você não saiba ao certo qual será o resultado da sua ação. Não há garantias. Porém, uma coisa é certa. Quando você começa a agir, coloca em movimento as forças que, afinal, o levam à sua sintonia com a ordem invisível. Tenha confiança de que você está exatamente no lugar certo e na hora certa para a realização total do seu maior bem.

Amostra de Onze Perguntas

Pergunta Número Um:

Qual é a questão que você mais gostaria de resolver neste momento?

Este é o Seu Momento 157

Estou irritado e contrariado porque o meu nome não está sendo cogitado para o novo cargo de direção que se abriu na empresa. Sou a pessoa mais qualificada para ele e não entendo por que isso está acontecendo.

Pergunta Número Dois:

Qual o resultado que você mais gostaria de alcançar?

Eu quero esse cargo.

Pergunta Número Três:

De que maneira você tentou resolver essa situação até agora?

Tenho dado o melhor de mim para que o meu trabalho seja notado e eles se lembrem do meu nome.

Pergunta Número Quatro:

Por que essa abordagem não funcionou?

Acho que simplesmente não pensaram em mim — ou talvez achem que eu não quero o cargo.

Pergunta Número Cinco:

Quais os ganhos ou benefícios que essa situação lhe trouxe?

Eu não sabia o quanto almejava esse cargo.

Pergunta Número Seis:

De que outra maneira você poderia conseguir o mesmo ganho, mas de maneira mais vantajosa para você?

Eu poderia reservar mais tempo para pensar na minha carreira e determinar o que realmente eu quero e como consegui-lo, em vez de trabalhar o tempo todo. Acho que esse negócio de querer me sobressair, sem dizer nada a ninguém, de certa forma tem sido um meio seguro. Assim, não corro o risco de ser mandado embora.

Pergunta Número Sete:
De que maneira você pode mudar essa situação?

Eu não tenho deixado que o meu patrão saiba que quero o trabalho e que acho que posso desempenhá-lo bem. Posso mudar a situação e fazer com que o meu nome seja cogitado. Isso me parece terrivelmente assustador. E se ele me despedir?

Pergunta Número Oito:
O que você tem que aceitar com relação a essa situação?

O fato de eu correr o risco não significa que ele vai me dar o cargo. Tenho de aceitar o fato de que isso é tudo o que eu posso fazer — que não posso controlar os atos dele. Neste momento, estou nervoso demais com tudo isso. Preciso aceitar que não estou a fim de correr o risco.

Pergunta Número Nove:
Qual é o seu maior medo com relação a essa situação?

Ser despedido.

Pergunta Número Dez:
Qual é a verdade a respeito dessa situação?

Que eles nunca me despediriam pelo fato de eu sugerir o meu próprio nome para o cargo. Tenho feito um excelente trabalho e talvez eles achem que eu não quero a promoção.

Pergunta Número Onze:
O que você está disposto a fazer agora para alcançar a solução que procura?

É assustador pensar em ir até o patrão — mas eu poderia procurar o assistente dele e ver se o meu nome está sendo cogitado para a promoção. Não quero me sentir um idiota, mas isso é mais importante para mim do que eu pensava. Vou pedir informações ao assistente — e depois decidir se sigo em frente ou não. A primeira coisa que farei amanhã de manhã é procurá-lo. Agora tenho consciência do quanto eu quero esse cargo. Na verdade, se eu descobrir que realmente conduzi essa situação de forma tão inadequada quanto penso, e a oportunidade me escapar pelos dedos, vou marcar uma entrevista com aquele orientador profissional de quem meu amigo Paulo tanto fala, para me aconselhar sobre o que devo fazer depois disto.

Quinze

Quanto Vale um Sonho?

Pelo menos dois de vocês, tenho certeza, gostariam de me apresentar o seu problema mais difícil — aquele que não pode ser resolvido antes do pôr-do-sol.

O primeiro de vocês pergunta: É um problema relacionado com dinheiro? Não existe nada mais concreto do que dinheiro, você diz.

Está começando a escurecer e você está reclamando dizendo que está esgotado. Você está desesperado para fazer mudanças na sua vida — para correr riscos. Apenas não tem os recursos financeiros, físicos e emocionais necessários para resolver o seu problema. Você está encurralado!

Para você, que alega disposição de espírito mas falta de recursos financeiros, eu pergunto: E se, de repente, você tivesse sessenta mil dólares e vários anos para gastá-lo da maneira que quisesse? O que você faria com esse tempo e com esse dinheiro? Será que seria suficiente para levá-lo a outro lugar, talvez para mais perto de onde o seu coração tem insistido para que você vá? O que você faria? Abriria o seu próprio escritório de consultoria? Voltaria para a escola para aprender algo novo? Faria um estágio para se preparar para uma nova carreira? Procuraria em tempo integral um novo emprego? Mudaria para outra parte do mundo onde pudesse viver com muito menos dinheiro?

Esses não são apenas delírios fantasiosos, pois atualmente estou bem no meio de uma escola cheia de pessoas que, de alguma forma, deram um jeito de arranjar tempo e dinheiro para se prepararem para algo novo: uma vida de estudante na Divinity School. Aqui, pessoas de todas as idades foram estimuladas a responder à pergunta: — Quanto valem os meus sonhos? Com muita dificuldade, eles conseguiram arranjar empréstimos bancários, lançaram mão das economias, hipotecaram a casa, arrumaram um emprego de meio período ou uma bolsa de estudo, que terão que devolver depois de formados. Uma coisa é certa: provavelmente, não se pode encontrar um grupo mais pobre, mais dinâmico ou mais inspirado.

Obviamente, você preferiria não usar suas economias, comprometer seu estilo de vida, fazer dívidas ou arriscar o seu futuro. Mas você tem que fazer a si mesmo a pergunta simples e reveladora: — *Quanto valem os meus sonhos?* Você está disposto a colocar em risco o seu conforto e a sua segurança para patrocinar essa transição? É verdade: é mais fácil encontrar reconhecimento e apoio para empréstimos escolares e para uma vida modesta de estudante do que para o sacrifício que seria necessário fazer para ir em busca de seus próprios sonhos. Mas por que uma pessoa do mundo empresarial ou profissional não deveria querer fazer essa mudança importante na vida, depositando no futuro o mesmo nível de fé que os meus colegas depositam?

Eis aqui a minha sugestão. Em primeiro lugar, imagine quanto custaria e quanto tempo levaria para que você ficasse mais próximo dos seus sonhos? Em seguida, pense em como poderia conseguir os recursos necessários. Programe-se para começar a restituir esses recursos depois que tiver terminado o período de transição e já tiver uma nova fonte de renda.

Mas há riscos envolvidos, você diz. Ahá! Você colocou o dedo bem na ferida. Você achava que a sua incapacidade para resolver o seu problema até o pôr-do-sol era uma questão de dinheiro e de recursos. Pois não é. É um problema de fé.

Veja bem: nas últimas décadas temos interpretado extremamente mal a fé. Quantas vezes — de quantos livros de auto-ajuda, convidados de programas de entrevistas e gurus famosos — você já ouviu que "se seguir o seu coração, seus sonhos se tornarão realidade"? Isso é considerado "fé". Até mesmo o livro *A Profecia Celestina* de James Redfield, ao mesmo tempo em que fala sobre renúncia e aceitação, transmite a idéia de que, se nos sintonizarmos com o fluxo de energia universal, os legumes da nossa horta irão crescer mais do que os do vizinho. Como é fácil deixar de confiar na ordem invisível que age por nosso intermédio — independentemente de como os resultados possam nos parecer, e também aos outros, a um dado momento — para tentarmos um acordo mais mecânico e utilitário com o divino, segundo o qual, se fizermos a nossa parte quanto à sintonização, teremos o toque de Midas. A verdade é que a fé não tem nada a ver com o que Deus pode fazer por nós. Muitos de nós (inclusive eu mesma) passamos o tempo entrando em contato com a nossa sabedoria interior, abandonando as ilusões, assumindo riscos espirituais ousados, ficando abertos às mensagens de outras pessoas e ao ambiente e sentindo a nossa dor. Será que isso nos dá o direito de estender os braços para receber a merecida recompensa? Como se pudéssemos ser espirituais o bastante para fazer com que a nossa vida seja exatamente da maneira que queremos. E, no entanto, quando ouço pessoas falando sobre "criar a própria realidade", suspeito de que isso seja exatamente o que elas querem dizer. Uma das minhas histórias favoritas exemplificam esse ponto.

Foi dessa maneira, com os braços estendidos, que minha amiga Denise compreendeu como é fácil sair tudo errado no processo espiritual, mesmo quando temos a melhor das intenções. Denise estava confusa entre permanecer no negócio de bufês e organização de festas, que vinha administrando há vinte anos com o marido Joe, ou seguir seu coração rumo ao desconhecido e embarcar em tempo integral na ambição pessoal de escrever livros sobre culinária. Joe estava entusiasmado com as possibilidades que se abriam para Denise — mas deixar o negócio de bufês significava que durante algum tempo Joe teria que arcar sozinho com toda a responsabilidade pela renda do casal. Sem saber o que fazer, Denise foi para um retiro no campo, prometendo a si mesma ser absolutamente corajosa, honesta e diligente nos seus esforços para ser espiritual. Como conseqüência, passou boa parte do dia lutando para sufocar os processos racionais do hemisfério esquerdo do seu cérebro e deixar que seu conhecimento intuitivo fluísse. Ela podia sentir a solução do seu problema ávida para passar para o consciente. Animada com a expectativa, tudo o que encontrava parecia significativo. Achava que estava a um passo de uma conquista, mas então começou a sentir uma coceira. Sem querer, ela selecionara o lugar para o seu retiro no meio de uma trilha repleta de heras venenosas.

Quando a coceira intensa se espalhou pelo seu corpo, ela voltou suas queixas para Deus.

— Deus — ela perguntou —, o que fiz de errado? Estou tentando fazer a coisa certa. Estou trazendo tudo o que posso para este processo. Por que fiz isso? Que lição devo tirar disto?

A resposta veio de forma suave, porém firme.

— Vocês humanos. A idéia que vocês fazem do lugar que ocupam no universo é tão exagerada! Certamente, havia uma lição aqui, mas não para você e, sim, para a hera.

Por mais que tentemos garantir que nossos objetivos sejam alcançados, existe essa particularidade que as pessoas detestam levar em consideração: o destino. Não importa o nome que você dê a ele — sina, acaso, lição de vida, karma — o destino está bastante propenso a fazer com que você, de tempos em tempos, perca o controle sobre a sua vida. As culturas indígena, africana e aborígine conheciam o suficiente a este respeito para ter apontado a presença de deuses "trapaceiros", que usam a maldade como um meio para despertar e guiar a humanidade à iluminação.

Portanto, se você não puder agir de maneira a assegurar que irá conseguir o que quer — e se *não* puder deixar de agir em seu próprio benefício, o que você pode fazer? O fato de você se render não significa que vai deixar que essas forças imprevisíveis se imponham a você. Render-se não é o mesmo que resignar-se. Render-se é simplesmente fazer o que se tem que fazer.

Enquanto Denise estava se recuperando da hera envenenada, conseguiu finalmente a solução que esperava. Depois de fechar o circuito da lição que procurava, surpreendeu-se vivendo a sua vida. Reconheceu que havia algum tempo, já vinha encerrando sua ambição com relação ao negócio de bufê e abrindo a possibilidade de escrever o livro sobre culinária. Ela tinha tomado essa decisão. Ela assimilou a realidade dessa transição na letra da canção familiar que cantarolava no fundo da sua consciência; estava nos erros inconscientes que ela havia começado a cometer pela primeira vez na sua carreira no ramo de bufê — no tempo que havia passado diante da tela do computador; tinha estado tentando vir à tona através dos seus devaneios esquecidos e das suas esperanças negligenciadas. Quando finalmente imaginou que estava se tornando uma escritora de livros de culinária em tempo integral, considerou a coisa mais natural do mundo. Quando se libertou da "realidade", deixou que as circunstâncias da vida reconfigurassem quem, na verdade, ela tinha se tornado.

Por que ela não percebera que já havia tomado essa decisão antes? Porque sabia que havia um risco envolvido. Um risco que ela sempre acreditara que estava disposta a correr — assim que tivesse certeza de que, no final, iria funcionar. Mas a ironia é que, se você tem certeza de que não vai lhe custar nada, na realidade não é um risco. Se você for corajoso o bastante para seguir os anseios do seu coração, descobrirá um feitor muito mais exigente do que qualquer uma das forças externas que alguma vez você deixou que ditassem as regras da sua vida. Você está certo em hesitar antes de cruzar a fronteira para refletir sobre a seriedade do compromisso do que significa estar completamente vivo.

Pergunte a si próprio: Se eu correr o risco e acontecer o pior, estou preparado para lidar com as circunstâncias e as emoções resultantes? (A propósito, é bom perguntar também a si próprio qual seria o melhor resultado. De acordo com a minha experiência, as chances são de que o destino irá colocar seus próprios resultados no meio do percurso. A maioria das pessoas não consegue tudo o que pedem todas as vezes, mas tampouco deixam de conseguir alguma coisa.)

Entretanto, se acontecer realmente o pior, você poderá suportar? Vale a pena correr o risco? Se acha que não, pense numa abordagem menos extremada, que irá cortar as conseqüências potencialmente negativas a um nível que você estaria disposto a suportar. Há uma maneira simples de saber se você tomou a decisão certa: escolha um objetivo muito ambicioso e você se sentirá esmagado. Escolha um objetivo muito insignificante, e você ficará entediado. Escolha algo entre esses dois extremos e você acabará no que a filosofia oriental chama de "Caminho do

Meio". Depois de ter delimitado seus limites de forma apropriada, dedique a seus objetivos tudo o que você puder, e compreenda que "tudo" implica a reserva de um tempo para cuidar das suas necessidades físicas, emocionais e espirituais ao longo do caminho. Você tem que estar disposto a respeitar suas limitações humanas e dar atenção ao universo malicioso que, provavelmente, tem uma surpresa ou duas escondidas na manga. O segredo para conhecer o sucesso que você busca na sua vida é reconhecer quais são os desafios que estão à sua altura, com conseqüências que você está disposto a suportar.

Outra pessoa que se dispôs a assumir um risco desses foi Larry, um amigo de Nova York. Durante toda a sua vida Larry sonhou em ganhar dinheiro com a sua arte. Enquanto isso, ele pagava as contas trabalhando como contador. Durante 25 anos, sua vida tinha sido dividida em duas. Todos os dias ele colocava o terno e mergulhava no mundo do comércio. De noite e nos fins de semana, vestia sua velha calça *jeans*, pegava a aquarela e explorava seu mundo interior e exterior com as tintas.

"Não seria bárbaro poder pintar dia e noite?", ele pensou. Animado com essa perspectiva, ele hipotecou a casa para financiar uma grande transição na sua vida. Ele iria viver de forma mais modesta e usar o dinheiro para abrir um estúdio-galeria onde pudesse pintar em tempo integral e vender seu trabalho. Tomado de entusiasmo, Larry abandonou o emprego, encontrou e reformou um depósito numa área movimentada da cidade e, finalmente, pôs-se a transformar sua paixão em seu trabalho. Ele estabeleceu o prazo de um ano para que o negócio funcionasse. Estava em busca da sua felicidade; portanto, o dinheiro logo chegaria.

Quando o estúdio, finalmente, ficou pronto para ser ocupado, Larry pegou os pincéis ansiosamente, postou-se diante de uma tela branca e ficou paralisado. Percebeu, para sua consternação, que não conseguia pensar em nada para pintar. Depois de 25 anos de criatividade contínua, o bloqueio do artista manifestou-se! Ele caminhou inquieto do cavalete para o bule de café, imaginando por que a fonte havia secado. À medida que os dias foram se transformando em semanas e, depois, em meses, Larry pensava sobre o papel da arte na sua vida — no que realmente significava para ele "fazer o que se ama".

Ele logo compreendeu que, antes de tentar ganhar dinheiro com a pintura, ela era o único lugar onde ele podia ser completamente livre. Era como escrever para um jornal, um lugar onde ele podia expressar os próprios sentimentos e criar espontaneamente, e isso o ajudava a dar um sentido à vida. Se as outras pessoas gostavam ou não da sua arte, isso nunca tinha sido importante. No seu coração, ele na verdade não queria lidar com a realidade de saber se as pessoas se importavam ou não com o seu trabalho, muito menos se estavam dispostas a comprá-lo.

Quando Larry se deparou com a realidade de ter que extrair dinheiro da sua arte, foi obrigado a encarar o fato de que a grande maioria dos artistas profissionais estavam dispostos a fazer concessões que ele simplesmente não queria fazer. Ele compreendeu isso no dia em que abriu as portas da sua galeria e a multidão que imaginara não apareceu. Ele começou a perceber que, se fosse bem-sucedido, não poderia passar os dias pintando, como tinha idealizado. Pelo contrário, teria que passar uma boa parte do tempo comercializando sua arte, entrando em contato com clientes, conversando com eles sobre o esquema de cores das suas salas, e assim por diante. Logo, o que foi que Larry fez?

Depois de empreender uma grande busca interior, percebeu que não estava disposto a transformar sua pintura num produto. Porém, depois de ter investido na galeria de arte, ele iria usar suas habilidades no ramo dos negócios para fazê-la dar certo — vendendo a arte de outras pessoas. Essa mudança o levou para o mundo da arte onde ele sempre desejou estar, muito melhor do que trabalhando como contador. Se não podia ser um daqueles artistas em 100 mil, cujo trabalho gerou uma demanda suficiente para sustentar seu estilo de vida, sem que para isso tivesse que fazer concessões, pelo menos ele podia se reconciliar com as limitações da vida enquanto usava seu *jeans* manchado de tinta. Enquanto isso, seu impulso interior de criação voltou e sua arte mais uma vez floresceu — depois do expediente.

Anos depois, encontrei Larry por acaso, exultante de felicidade. Aparentemente, pouco depois de a galeria ter deslanchado, ele pendurou alguns dos seus quadros em cantos dispersos. Depois de dois anos vendeu seu primeiro quadro por $75 para uma pessoa que não pertencia à sua família nem ao seu círculo de amizades. Larry era um homem muito feliz.

Tenha cuidado com essa parte de você que quer antecipar cada possibilidade negativa. É claro que você gostaria de tomar uma posição e fazer com que tudo saia do jeito que planejou. Porém, às vezes a vida vai fugir do seu controle. Você consegue encontrar coragem para fazer o que o seu coração manda — e se dispor a assumir as conseqüências? Isso será mais fácil se você compreender que, ainda que seja apenas humano, e portanto obrigado a se render ao fato de que não pode controlar todas as coisas ruins que acontecem com você, do mesmo modo também não pode controlar as coisas boas. Quando você renuncia à ilusão de que pode controlar a realidade exterior, não apenas admite que não pode fazer nada para evitar que os problemas aconteçam, mas tem de admitir que na verdade, também não pode evitar que as soluções apareçam.

Quando se está disposto a fazer o que vem pela frente, nunca existem impasses. O que pode parecer um fracasso, como o bloqueio artístico de Larry, pode ser muito bem um meio para se alcançar um fim muito mais gratificante do que aquele que se antecipou. Você não está na posição de julgar os resultados. Enquanto estiver vivo, estará no meio da sua história. Você não sabe qual será o final. É perfeitamente possível que o tempo certo para o crescimento do seu caráter e do seu espírito não seja o mesmo que o seu ego prefere. Reafirme sua disposição de lidar com tudo o que aparecer, confiando que o mesmo processo que o levou tão longe irá vê-lo atravessar para o outro lado — talvez até mesmo durante a próxima e última hora antes do pôr-do-sol.

Nesta altura, existe outra possibilidade a ser considerada. E se você conseguiu a resposta que procurava e não tem consciência disso? Talvez sua percepção seletiva, impaciência ou tendência à fantasia o impediram de reconhecer a verdade. Quando você está no ponto exato onde a verdadeira transformação pode acontecer, tem novamente a oportunidade de pensar se realmente acredita que o universo apóia o seu crescimento. O que é preciso não é criar a sua realidade, mas dar um salto de fé para a esfera que está além do seu controle. Sei que isso é pedir muito. Mas, por outro lado, quanto exatamente vale o seu sonho?

Dezesseis

Um Problema à Sua Altura

Comecei o capítulo anterior apostando que pelo menos dois de vocês gostariam de me apresentar seu problema mais difícil: um problema que, provavelmente, não pode ser resolvido até o pôr-do-sol. Agora há pouco me dirigi ao primeiro de vocês, cujo problema persistente não se devia tanto à falta de recursos, de sorte ou oportunidade, quanto à falta de fé. Acredito em você e tenho certeza de que, até o pôr-do-sol de hoje, você ainda vai conseguir a sua solução.

Mas existe o outro, o segundo de vocês, que me desafiou a ajudá-lo a resolver seu problema mais difícil. Você sabe exatamente quem você é. É uma daquelas pessoas que estão familiarizadas com muitos dos tópicos abordados neste livro — e, ainda assim, seu problema persiste.

Você é alguém que participa da esfera mais ampla do potencial humano, que não está disposto a se entregar às distrações superficiais, num esforço para explorar apenas o espectro mais brilhante das emoções — sentimentos agradáveis como felicidade, contentamento e alegria. Mas esse desejo ficou tão forte que dilacerou o seu coração. Pois é você que lamenta pelo sofrimento dos outros, pelo potencial desperdiçado, pelo mundo freqüentemente assolado pela cobiça, pela ignorância e pelo mal. Você tem acompanhado suas emoções e seu espírito até o território mais rico e estimulante da empatia e da solidariedade. Você ama profundamente, espera inocentemente e sofre intensamente. Apesar de desejar uma solução, deduz que o problema que colocou na mesa hoje não pertence apenas a você, mas a toda a sua geração — e a todos os tempos. Posso compreender por que você procura alívio para a dor de estar completamente vivo, mas não posso prometer esse alívio. É importante demais para a nossa sociedade que exista alguém como você — alguém que defenda algo maior do que o seu próprio eu e que esteja disposto a arcar com as conseqüências.

Porém, também para você eu aceno com a possibilidade de solução. Ela virá naturalmente, sem esforço, quando seu espírito tiver evoluído o suficiente para compreender tudo. Resista ao impulso de correr em busca de respostas como uma maneira de chegar a uma solução superficial. Você é forte o bastante para superar tudo.

Pouco depois que Dan e eu decidimos diminuir as horas de trabalho e voltar a ter um relacionamento mais saudável com o sucesso, vários clientes — e empregados — pularam fora do que achavam ser um navio a pique. Eles não entenderam que, ao voltar a levar em conta nossas necessidades e anseios, permitindo que a empresa e a nossa vida se reorganizasse ao redor desse novo centro mais elevado, estávamos praticando um ato heróico que iria, no final, trazer benefícios para todos.

Recentemente, remexendo no saco de dormir da minha filha, me deparei com o diário que escrevi nessa época da minha vida. Junto com acessos de raiva, relatos de bebês que precisavam ter as fraldas trocadas e porões inundados, estavam as sementes da filosofia que continuam a dar frutos na minha vida, lembrando-me de que é na lama que um novo crescimento tem mais chances de criar raízes. Logo depois que completei 37 anos, quando todos achavam que o nosso negócio tinha ido por água abaixo, cheguei em casa e escrevi no meu diário:

> Fantasmas — a presença de quem eu era, dos empregados e dos clientes dos quais um dia me cerquei — rondam nosso escritório vazio. Grande o bastante para comportar 30 pessoas, apenas 5 de nós circulamos por ele. Alguma coisa está se espatifando, morrendo. Sinto que é para o bem — mas não tenho respostas. Não há soluções fáceis, apenas os braços de Dan à minha volta e o amor de Jody e

Grant. Meu amor por eles, de uma maneira que nunca pensei que fosse possível. O apoio terno dos poucos funcionários que restam. Um caleidoscópio de dor e mudança — para o quê? Quero retirar listas, números e calculadoras e organizar a realidade em algo que irá funcionar. Mas isso é para mais tarde — muito mais tarde. Agora é hora de me soltar — de ser simples. Meditar, escrever. Amar e ser amada. Tenho aptidões que coloco a serviço dos clientes. Tenho certeza de que existe uma necessidade por aquilo que fazemos. Até aí eu sei. Mas quem eu devo contratar? Podemos pagar mais funcionários? De que tamanho devemos ser? NÃO! Grito. Basta! Chega de pensamento linear. Chega de ter de saber o que fazer.

Que esforço para mim — agir com responsabilidade, sem ter que saber a resposta. Libertar-me e observar a minha evolução. Render-me. Posso começar fazendo o que minha alma acena para que eu faça. Será que dispenso o cliente que ainda não nos abandonou mas está fazendo exigências exorbitantes, apesar de precisarmos de dinheiro? Tento forçar cada vez mais uma resposta em vez de fluir com cada momento. Este é um momento bonito: tão triste, tão pleno. Luto para me libertar e dói... temendo que a cada instante minha vida se desfaça ainda mais. Onde está o fundo? Pelo menos sei que estarei viva para testemunhá-lo quando eu chegar lá.

Entre os funcionários que nos deixaram, vários disseram coisas desagradáveis sobre a nossa transformação. Eu gostaria de dizer que, depois que eles tiveram experiências ruins em outros empregos, compreenderam e reconheceram publicamente a superioridade da nossa abordagem. Porém, a verdade é que vários deles se reuniram e abriram uma agência concorrente, levando alguns dos nossos clientes. Segundo a última informação que tive, eles estavam administrando a empresa com abordagens baseadas em velhos paradigmas; estavam indo bem e não se arrependiam do passo que tinham dado. Por mais terrível que seja quando coisas ruins acontecem para pessoas boas, é ainda pior quando parece que coisas boas estão acontecendo para pessoas "ruins". Se este é realmente um universo ordenado e amoroso, como se pode justificar isso? Na religião ocidental, somos confortados com a idéia de que eles serão julgados — e de que passarão uma eternidade no inferno. Na tradição oriental da Índia encontramos o karma, a idéia de que eles irão pagar pelos seus atos ruins em vidas futuras. Na filosofia confucionista, as "pessoas inferiores" são comparadas com plantas de pântanos, que crescem e ficam majestosas do dia para a noite, mas morrem no dia seguinte, enquanto a bondade, como uma minúscula semente, cresce lenta e constantemente, lançando raízes profundas e prevalecendo no final. Mas a minha explicação favorita, baseada na lenda samurai, chegou até mim através do meu mestre de karatê.

Um samurai foi consultar um mestre espiritual.

— Mostre-me a porta para o paraíso e a porta para o inferno — exigiu.

— Seu samurai estúpido. Não posso mostrar isso a alguém tão idiota como você.

Com isso, o samurai puxou a espada e ameaçou matar o mestre.

— Essa é a porta para o inferno — explicou o mestre pacientemente. Esclarecido, o samurai recolheu a espada.

— E essa é a porta para o paraíso.

*   *   *

Apesar das dolorosas demissões, em pouco tempo o Osborn Group Public Relation voltou a ter sua receita anterior, perto da marca de meio milhão de dólares, contando com os mesmos funcionários fiéis que continuavam a fazer o trabalho que antes era feito por quase vinte pessoas. Quando tivemos coragem de tomar medidas como desistir da conta do hotel que estava fazendo exigências exorbitantes durante a Guerra do Golfo, recuperamos a nossa energia. Quando fomos despedidos pelo Embarcadero Center, não nos desgastamos com resistências inúteis ou com autoflagelação. Podíamos contar com a nossa energia vital para criar um novo futuro, em vez de continuar a reagir a um passado que se distanciava de forma rápida — apesar de dolorosa.

Ficamos livres dos clientes que abusavam de nós e dos funcionários contraproducentes. O que restou foi uma equipe de exploradores que descobriram juntos as alegrias e as vantagens de um trabalho de grupo dedicado. Não perdíamos tempo reclamando uns dos outros junto ao bebedouro, nem fazíamos reuniões e mais reuniões porque estávamos com medo de assumir responsabilidade por algum ato, de nos arriscarmos. Éramos criativos e vigorosos e estávamos entusiasmados, com a corda toda. O resultado é que as despesas tiveram uma redução sensível e o lucro subiu consideravelmente. Conseguimos isso trabalhando quarenta horas ou menos por semana, com tempo para nossos passatempos, relacionamentos e compromissos pessoais, cuidando dos interesses de outras pessoas e da nossa própria vida, que havia se enriquecido substancialmente.

Nosso sucesso foi uma conseqüência direta do crescimento e do espírito do nosso relacionamento, bem como de nós mesmos enquanto pessoas. Por mais doloroso que tenha sido esse processo, valeu a pena todo o esforço.

Descobri soluções que superaram as minhas expectativas, até mesmo em momentos tão desafiadores quanto esse que acabei de compartilhar. A solução que encontrei — e que você também pode encontrar, independentemente da situação que estiver enfrentando na vida — é um sentimento de aceitação ao mesmo tempo amargo e doce, de uma compreensão calma e melancólica, que dá significado à vida. Sinto como se a cor emocional da espiritualidade estivesse flutuando livremente, ansiando por satisfação. É um anseio que passei a valorizar ainda mais do que aquilo que eu chamava de "felicidade", pois, quando meu objetivo principal era ser feliz, investi boa parte da minha energia vital protegendo-me da ameaça do mal-estar ou do aborrecimento. Limitei meus relacionamentos íntimos, sabendo que eles continham o potencial para a dor. Trabalhei com afinco para obter coisas que me trariam mais conforto — uma casa melhor, mais clientes, um carro melhor. Porém, como essas eram as coisas que me faziam feliz, minha felicidade dependia de forças que estavam fora de mim mesma. O que vinha do mundo exterior também podia ser levado embora. Eu vivia num estado de constante ansiedade.

Só quando o meu amor pela vida e a minha fé no futuro ficaram maiores do que o meu medo da dor é que eu pude encontrar um nível de solução confiável, independentemente dos problemas que eu estivesse enfrentando em algum momento. E descobri algo espantoso: não podemos esperar que as circunstâncias da nossa vida nos tragam a realização que almejamos. O sentimento de realização tem que vir primeiro. Essa é uma solução que não pode ser forçada ou falsificada.

Tem sido um desafio para você, que durante todos estes anos tem buscado soluções verdadeiras, pois você já é sábio demais e honesto demais para colocar de lado aquilo que os outros podem ignorar, explicar ou simplesmente evitar. Talvez você tenha se perguntado se não havia respostas melhores — algo que você pudesse fazer, ter ou ser — ou tornar mais fácil, mais simples para você, para aqueles que você quer bem e para o mundo. No final deste capítulo, você saberá com certeza se há alguma coisa mais que possa fazer. Se já estiver fazendo o suficiente, agora você pode ter a solução, sendo quem você já é na companhia de outras pessoas que compartilhem o seu anseio.

Nós, que sentimos a dor, somos aqueles que dizem a verdade. A geração cujo legado foi Auschwitz, a bomba atômica, as mortes de Martin Luther King Jr. e John Fitzgerald Kennedy, a guerra do Vietnã e a tragédia de Oklahoma. Nós enfrentamos um mundo em crise política, ambiental, social e espiritual. Num mundo tão fora de sincronia, talvez entre os mais transtornados e aflitos entre nós é que iremos encontrar os espíritos mais elevados. Aprendemos ao longo dos anos que apenas o dinheiro e o sucesso exterior — mesmo que muitas vezes possam passar uma idéia perfeita de realização a curto prazo — não nos protegem verdadeiramente da dor de viver. Mais recentemente, temos aprendido uma lição ainda mais dura: a de que os nossos esforços espirituais para fazer acordos com Deus, para que ele nos dê o que queremos, também não serão alcançados.

Por meio da nossa vida espiritual, podemos ser confortados, podemos ganhar percepção e sabedoria, podemos obter uma noção básica de moral e ter fé na esperança da bondade suprema e da ordem que prevalece. Contudo, temos também de enfrentar o fato de que todos nós compartilhamos uma criação que pode fazer com que a natureza, humana ou não, às vezes seja caprichosa e cruel. Há sofrimento. Há dor. Há maldade. Encarar o desenvolvimento da nossa vida espiritual apenas como uma fonte de conforto ou proteção, ou de poder e controle — usando a fé como uma armadura contra a dor e a dúvida que um envolvimento honesto com um universo vivo exige de nós — é perigoso.

O que eu quero dizer com perigoso? Como uma judia que nasceu no mesmo ano que o Estado de Israel, que perdeu parentes que nunca teve a oportunidade de conhecer no holocausto, sinto a cada dia e a cada momento como é importante manter bem vivo no nosso consciente, não apenas a nossa bondade e nossos princípios morais, mas também nossas potencialidades mais sombrias. Foram pessoas bem-intencionadas, afinal de contas, pessoas que não queriam causar problemas, que queriam viver uma vida tão feliz quanto as circunstâncias permitissem, que freqüentavam a igreja e participavam das lições de casa e das práticas esportivas dos filhos, arquitetos que projetaram as instalações dos chuveiros e contadores que pagaram a conta do cianureto.

Todos nós podemos ignorar, legitimar ou sufocar nossos impulsos mais sombrios para seguir adiante "normalmente". Ironicamente, quando não estamos dispostos a encarar a verdade incômoda sobre nós mesmos e o universo, revelamos nosso desconforto moral para as outras pessoas que nos oferecem consolo e soluções superficiais. Igualmente perigosa é a tentativa de confiar apenas na racionalidade do hemisfério esquerdo do cérebro, negando a nós mesmos o acesso ao conhecimento do nosso potencial intuitivo, criativo e espiritual. Por conseguinte, permitimos que nossos impulsos inconscientes ditem as regras. Aqueles dentre vocês que imaginaram um relacionamento com a espiritualidade como um modo de evitar ou minimizar o desconforto deveriam ter em mente que as exigências de uma fé verdadeira levam inevitavelmente à luta. Vocês irão lutar contra a própria arrogância para descobrir a humildade; contra a própria superficialidade para encontrar seus anseios mais profundos; contra a própria racionalização e contra o hábito de fugir para enfrentar o mistério de um poder divino que permite as catástrofes; contra as ilusões de conforto e controle para sentir a própria dor, assim como a dor das outras pessoas.

Nas trincheiras, lutando como Jacó no rio Jaboque, você é chamado a lutar com Deus e com a sua própria natureza humana. Você terá de se render ao fato de que é hora de dar passinhos curtos e não pulos de gigante, à medida que o legado da nossa geração nos força a compreender o que precisamos verdadeiramente fazer para ir cada vez mais fundo.

Aqueles que se sentem chamados para servir a humanidade nestes tempos conturbados têm de estar dispostos a considerar tudo isso. O rabino Irving Greenberg escreveu em seu livro *Cloud of Smoke, Pillar of Fire*:

> Depois de Auschwitz, fé significa que existem períodos em que ela é superada... Temos de falar agora de "momentos de fé"... entremeados com épocas em que as chamas e a fumaça de crianças queimando mancham a nossa fé, apesar de ela reviver... a diferença entre o cético e o crente é a freqüência da fé e não a certeza de um ponto de vista.

Contra esse pano de fundo e com todas essas adversidades não há nada que possamos fazer para garantir a solução de problemas que talvez não exijam apenas os melhores esforços da nossa geração — mas também de gerações futuras?

Clamamos pela paz interior, mas talvez seja hora de enfrentar a verdade mais sombria a que a maturidade espiritual pode nos conduzir, muitas vezes contra a nossa vontade, às raias da ira justa, mesclada com perdão. Quando movidos pelo espírito da nossa alma, temos de estar dispostos a tomar uma posição firme. Minha escritora de ficção favorita, Pearl Buck, fala diretamente para você no seu livro *Voice in the House*:

> Contra a tirania do homem inferior, o homem superior também tem o direito de ser livre... A esperança da humanidade é que as pessoas boas sintam dor e trabalhem contra as pessoas inferiores.

Você tem de estar disposto a respeitar a si próprio pela sua disposição de se envolver na luta — não importam os resultados. Tem de encarar o fato de que não será capaz de salvar o mundo sozinho, mesmo que esteja disposto a contribuir com os seus dois centavos de bom senso e decência moral sempre que puder.

Como sempre me lembra a minha boa amiga Donna Paz quando falo das minhas frustrações com os meus esquemas fracassados para mudar o mundo, sempre há pelo menos a possibilidade de alcançar um "bem menor". Talvez você não tenha uma carreira importante que lhe permita fazer o tipo de contribuição que se sente impelido a fazer, mas pode ter um emprego que lhe permita ganhar a vida enquanto protege e preserva suficientemente o seu vigor para se envolver de maneira positiva com os outros aspectos da sua vida. Talvez você encontre um problema à sua altura — um problema que mereça o investimento de toda uma vida e além dela. Qualquer que seja o resultado, você pode oferecer uma aceitação ao mesmo tempo amarga e doce a si mesmo e ao mundo, sabendo que sua melhor tacada virá do fato de você ser aquilo que já é em todos os momentos. Isso inclui alegria e desespero, momentos de genialidade e momentos de fracasso; clareza e confusão. Rendendo-se a isso — sendo capaz de abranger tudo ao mesmo tempo e estando disposto a fazê-lo — é que você encontrará a solução que procura.

Como o espírito de uma pessoa se desenvolve o suficiente para abranger tudo?

Joseph Campbell aconselha: — Quando o mundo parecer que está se desmoronando, mantenha a sua trajetória, apóie-se nos seus ideais e encontre espíritos afins. Essa é a regra da vida.

Você pode começar se envolvendo completamente com a sua vida, em qualquer nível que ela se apresente a você. Se a sua vida estiver uma bagunça, envolva-se com a bagunça. Se estiver fascinado demais com o fato de como você é horrível, quebre o círculo de retorno negativo, tirando o foco de si próprio e pensando em fazer alguma coisa em favor de outra pessoa.

No mesmo diário recém-descoberto, havia uma invocação que eu escrevera chamada: "O meu Eu Comum É o que Basta."

> O meu eu comum é o que basta.
> Quando expresso meus sentimentos comuns,
> causo impacto nos outros.
> Quando me sinto indefesa, posso pedir ajuda.
> Quando estou com medo, posso ser vulnerável.
> Quando cometo erros, posso corrigi-los e seguir em frente.
> Posso fazer o que precisa ser feito,
> sentindo-me descontraída e sem aflição.

Quando eu sou o meu eu comum,
minha atenção não está em mim, mas nos outros.
Posso ouvir.
Posso me importar.
Tenho o suficiente, independentemente das oportunidades
que tenho ou posso deixar passar.
O meu eu comum é o que basta.

No dia 30 de setembro de 1987, depois de um período particularmente doloroso em que sentia pena de mim mesma, tive a grande e rara oportunidade de compreender o que significa essa qualidade de ser comum.

Acordei ontem me sentindo como pó. Meus escritos eram pó. Minha ambição de mudar o mundo era pó. Minha sabedoria era pó. Como eu era pó, observava a vida se arrastar com todas as catástrofes diárias que normalmente se abatiam sobre mim. Como eu já não estava basicamente em lugar nenhum, não oferecia resistência. Quando o carro começou a soltar fumaça, Dan e eu simplesmente o pusemos em ponto morto e o empurramos para um posto de gasolina. Desistindo dos planos de ir jantar em São Francisco, aproveitamos a oportunidade para explorar as vizinhanças do posto de gasolina enquanto esperávamos que o carro ficasse pronto. Dessa maneira, encontramos sem querer a melhor pizzaria de Marin.

De qualquer modo, acordei esta manhã explodindo de amor sem nenhuma razão aparente. Penso em momentos: Dan cruzando a linha de chegada da Dipsea Race, com o suor escorrendo de seu cabelo grisalho. Grant tocando sua primeira música de verdade no piano, para o avô e a avó. Mamãe e eu de mãos dadas. Jody aconchegada no meu colo. Durante todo o tempo eu estava cautelosa com a felicidade, agradecendo a Deus e ao mesmo tempo preocupada de que de alguma maneira eu pudesse ficar envolvida pelo tipo de pensamento de recompensa e castigo que faz com que eu me meta em apuros. Lembrei-me, então, do conselho de uma amiga.

Ela disse: — Quando acontecerem coisas boas, pense que é o universo reconhecendo quanto você é maravilhosa. Quando aconterem coisas ruins, pense que são acasos infelizes, que não têm nada a ver com quem você é ou com o que você fez.

E, então, descobri finalmente que esse é o segredo da vida: quando se tem amor no coração, as coisas vão às mil maravilhas. Se elas não vão bem, quando se está cheio de amor, quem se importa?

O escritor judeu A. J. Heschel conta a história de um professor hassidista que se sentou para estudar um volume do Talmud. Um dia depois, seus alunos perceberam que ele não tinha passado da primeira página. Imaginando que ele estava tentando decifrar uma passagem particularmente difícil, deixaram-no em paz. Porém, passados vários dias, notando que o rabino ainda estava na mesma página, perguntaram-lhe por que ele não tinha prosseguido com seus estudos.

— Mas — respondeu o rabino —, sinto-me tão bem aqui. Por que eu deveria ir a outro lugar?

Quando um dos imperadores da China perguntou ao mestre zen Bidhidharma o que era iluminação, sua resposta foi: — Muito espaço, nada sagrado.

O seu eu comum é suficiente. A solução virá quando você se livrar das suas ilusões — sobretudo daquela que lhe diz o quanto você é espiritualizado e o quanto suas contribuições serão importantes. Livre-se até mesmo dessa.

Livre-se das reações do hemisfério esquerdo do cérebro: fazendo as coisas acontecerem, tentando, trabalhando, compreendendo, se empenhando, preservando, protegendo, controlando. Deixe que o hemisfério direito do seu cérebro tenha o seu momento, encontrando uma maneira de crescer através da concretude dos seus atos e pensamentos atribulados. Quando encontrar esse equilíbrio, você se tornará absolutamente comum. Você não precisará tentar se encaixar na ordem invisível do universo. Você já o terá feito.

Sétima Hora

Até o Pôr-do-Sol: Pronto para Receber

Dezessete

Um Ritual de Finalização

Um dia, os anos de luta lhe parecerão os mais bonitos.
— *Sigmund Freud*

Durante todo o dia de hoje, você tem dado a si mesmo uma oportunidade para resolver o seu problema, explorando novas maneiras de lidar com suas questões e com o seu processo de resolver problemas de maneira geral. Espero que você esteja se sentindo enriquecido com tudo o que tem aprendido sobre si mesmo ao longo desse processo.

Essas são vantagens que irão ajudá-lo a tomar decisões melhores com relação aos problemas e questões com que você se defronta, não apenas hoje, mas durante toda a sua vida. Isso é essencial, pois a sua vida consiste nas decisões tomadas ao longo de todo o caminho: quem são as pessoas que fazem parte da sua vida e como elas se relacionam com você, seu trabalho, seus compromissos, sua saúde e seus desafios espirituais, morais e emocionais. A qualidade dessas decisões está diretamente relacionada com a qualidade de informações que você tem. A exploração de hoje das experiências do hemisfério direito do cérebro deu-lhe um maior leque de possibilidades e novos recursos com os quais contar, quando se deparar com problemas e questões que ofereceram resistência aos tipos de processos do hemisfério esquerdo do cérebro em que você confiava no passado.

Independentemente de como você se sente com relação ao problema ou questão que decidiu resolver hoje, é importante observar que o crescimento de hoje não teria acontecido se você não tivesse de lidar com esse problema em particular.

Esta é uma boa oportunidade para fazer uma pausa e refletir sobre o progresso que você fez com relação à solução do problema ou da questão que o levou a passar por essa experiência de hoje. Você está prestes a iniciar a primeira parte de um processo composto de quatro partes, que será o centro do importante trabalho desta última hora — a tarefa de finalização.

 ## *Processo: Finalização*

Eu gostaria que você começasse lendo o que escreveu durante o processo da primeira hora: "Estabeleça o Seu Objetivo". Não lhe parece que esse exercício foi feito há muito tempo? Como se sente com relação à pessoa que escreveu esse documento? Você acha que, agora, você tem algumas das respostas que estava procurando? Você realizou alguma coisa/tudo o que pretendia? O que sabe agora que não sabia antes? Reflita durante algum tempo sobre as dádivas que o dia de hoje lhe trouxe — bem como sobre quaisquer perguntas e anseios que continuam sem resposta. Depois que tiver feito isso, faça um retrospecto de todo o dia. Releia tudo o que escreveu nos processos anteriores, relembre suas experiências, verifique como você se sentia em relação ao seu problema, a si próprio e a esse processo e depois como se sente sobre tudo isso agora. Quando terminar, volte a esta página e prosseguiremos juntos.

* * *

No início deste livro, falei sobre como as pessoas que se sentem completamente vivas estão livres para avaliar o leque maior de possibilidades que a vida lhes oferece: desespero e alegria, fracasso e sucesso, vontade e rendição, morte e renascimento. Quando revisitar o seu passado, talvez se sinta tentado a julgar de onde você veio, as decisões que tomou e o seu relacionamento passado e presente com o problema com que está lidando hoje. O processo de crescimento, por sua própria natureza, leva tanto à criação como à destruição. O presente que a natureza nos dá é expandir para abranger todo o ciclo da vida. Neste ponto, eu gostaria que pegasse a caneta uma última vez e escrevesse uma carta para o problema que trouxe consigo hoje. Quero que reconheça o papel que ele tem desempenhado na sua vida, desde o passado até o momento presente. A dor que ele lhe tem causado — o que ele trouxe de bom e a maneira com que contribuiu para o seu crescimento. Acima de tudo, peço que perdoe o seu problema, pois por causa dele sua mente tem se perdido em divagações, em julgamentos, em medo ou confusão, mas a ordem invisível estava presente até mesmo nesses estados. Ela tem estado sempre com você. Como você poderia evitá-la? Ela tem estado com você durante todo este dia e irá acompanhá-lo até a solução do seu problema.

Você está nesta jornada há muito tempo. Algumas vezes você achou que não podia seguir adiante — mas sempre o fez. Aprendeu tanto com suas experiências. Aprendeu o quanto é forte. O quanto é habilidoso. Como é capaz de aprender com tudo o que acontece e seguir em frente. Aprendeu a conhecer sua capacidade de amar — e a estabelecer limites. Aprendeu como se arriscar — e como se proteger. Aprendeu a fracassar — e a se reabilitar. Quando tem que agir — e quando tem que aceitar. Aprendeu sobre solidariedade. Você não poderia ter aprendido essas coisas de outro modo. Nada foi desperdiçado. Não houve oportunidades perdidas. Você está exatamente onde precisa estar neste momento.

É verdade que, algumas vezes, você tem de caminhar sozinho com a sua ansiedade por uns tempos. Porém, veja como esses momentos de solução vêm e vão suavemente, andando lado a lado com você durante algum tempo, partindo e cruzando o seu caminho novamente. Você sonha ardentemente com uma manifestação significativa — uma maneira de dar uma contribuição para o seu trabalho e a sua vida? Inúmeras possibilidades estão a cada passo do caminho. Às vezes será fácil ver o que você deveria estar fazendo; outras vezes a trilha leva de volta à névoa e à escuridão. Mas você já esteve antes nessas trilhas acidentadas. Você irá emergir do outro lado. Lembra-se do entusiasmo que você sente quando faz isso? Todas as vezes que o nevoeiro passa, você percebe que até mesmo quando estava submerso, sua capacidade de vida se expandiu.

Portanto, perdoe o seu problema. Perdoe-o agora. Traga tudo o que você conseguiu — tudo o que sente — todas as suas aspirações, todos os seus anseios para o processo. Depois de terminar essa carta, volte a esta página.

✷ ✷ ✷

Albert Einstein uma vez escreveu que "existem apenas duas maneiras de viver a vida. Uma é como se nada fosse um milagre. A outra é como se tudo fosse um milagre".

Vou pedir-lhe agora que termine seu papel ativo no processo da *Solução ao Pôr-do-Sol* de hoje. Mesmo que aconteçam mais coisas, esta é a última tarefa do dia em que o seu eu individual será invocado. Esse processo o deixará pleno — plenamente cheio ou plenamente vazio.

Em breve você terá uma opção a fazer. Independentemente do caminho que escolher, ele será o certo para você. Não há certo e errado. Você apenas dará ouvidos ao seu conhecimento interior e fará o que tem de fazer. Seja qual for sua escolha, seu rito pessoal finalizará o seu dia de trabalho: a criação de um ambiente que tornará possível uma sintonização consciente com a ordem invisível.

Aqui está a sua primeira opção. Você pode deixar a carta e o seu problema aos cuidados da ordem invisível. Se optar por fazer isso, use o método que lhe parecer mais natural. Você pode queimá-la, jogá-la no mar, enfiar na casca da sua árvore favorita — ou qualquer outro meio que lhe ocorra. Fique com o processo até que o seu coração lhe diga que você conseguiu. Em seguida, passe para o próximo capítulo deste livro.

A outra alternativa é ficar com a carta e colocá-la num lugar especial na sua vida, um lembrete de onde você veio — e para onde está se dirigindo. Enrole-a ou coloque-a num local visível onde ela possa servir como um lembrete das experiências que você teve hoje. Quando terminar, vá para o processo seguinte, o último deste livro.

Dezoito

Santo

No livro de Ezequiel, o profeta hebreu menciona os serafins: espíritos místicos cuja função, na hierarquia celestial, é louvar a santidade de Deus. "Santo, Santo, Santo", repetem em adoração constante ao divino. Segundo a tradição, a palavra hebraica *serafim* está ligada à palavra "chama". Isso porque a experiência dos serafins com o divino é tão intensa que eles podem pronunciar apenas o primeiro "Santo" antes de serem queimados pela intensidade da sua devoção.

Como você se recorda, William James nos ensina que há duas maneiras de lidar com a raiva, com a preocupação, com o medo, com o desespero, e assim por diante, para se ficar mais sintonizado com a ordem invisível do universo. "Uma é que uma emoção oposta deveria se abater sobre nós de forma esmagadora, e a outra é ficando tão exausto com a luta que sejamos obrigados a parar." Hoje você devotou muito do seu tempo envolvendo-se na luta. A esta altura, provavelmente, você esgotou seu intelecto e suas emoções. Agora, neste estágio final do processo da sétima hora, você irá mudar de marcha. Você já está pronto para convidar a ordem invisível a se abater sobre você de forma esmagadora. Em preparação, eu gostaria de lembrar-lhe como William James se sentiu com relação à solução de um dos problemas dele. Ele chamou o alívio que a pessoa sente quando resolve seu problema de "uma felicidade mais comum". Ele se referia a um estado no qual não procuramos mais a fuga, mas sim a vida.

Como você pode chegar a esse estado? Como sabe, isso não é algo que você possa fazer com que aconteça. Você apenas pode criar um ambiente propício para que uma experiência dessas possa acontecer; pode apenas ficar disposto a receber. É disso que trata o processo da última hora.

Você deve lembrar-se da nossa discussão, nos capítulos 4 e 5, sobre os cinco estágios pelos quais a pessoa passa quando atravessa o vazio. Lembre-se de que eles não são lineares. Cada estágio contém todos os outros, e em qualquer estágio tudo pode ser sentido ao mesmo tempo. Os estágios são:

1. Disposição para Descer

Você mostrou que é capaz disso ao percorrer com esse processo alguns territórios interiores bastante difíceis e desafiadores. Você não poderia ter feito isso se não estivesse disposto a considerar que o fato de ter problemas que resultam em dor, indecisão e vulnerabilidade nada tinha a ver com o que estava errado em você, mas sim com o que estava certo. Suas estruturas cognitivas certamente estavam ansiando ardentemente por uma organização mais amadurecida. Hoje você usou as aptidões do hemisfério direito do cérebro, suas emoções e sua espiritualidade para chegar a um ponto de contato com a ordem invisível que se manifesta tanto como um acesso para os seus aspectos mais profundos como para uma comunicação mais rica com um universo amoroso, embora misterioso. Dispondo-se a trazer o melhor de si para o processo da *Solução ao Pôr-do-Sol* hoje, você provou que está disposto a se envolver numa luta à sua altura.

2. Rendição Incondicional

Você deu um passo à frente cada vez que resistiu ao impulso de afastar sua dor e se dispôs a mergulhar dentro dela. Você se dispôs a entrar em contato com o seu leque maior de possibilidades interiores de forma mais completa, confiando que, livrando-se das velhas estruturas, está abrindo espaço para que algo melhor tome o seu lugar.

3. A Reivindicação dos Direitos

Você aprendeu que tem o direito de ter um relacionamento com a ordem invisível do universo que dá sentido à sua vida. Tem o direito de pedir a Deus aquilo que quer — de fazer as perguntas relevantes e sentir as grandes emoções. Você tem uma fé tão grande que percebe, agora, que até mesmo suas emoções mais sombrias serão aceitas pelo divino. Você pode expressar sua raiva pela injustiça do universo — pela sua própria condição humana e pelas crueldades da criação. Quando está sofrendo — e quando sente a dor dos outros — traz com as suas queixas o conhecimento de que tem o direito de sentir como está se sentindo. Você deixa o coração aberto e oferece um caminho para que seus semelhantes — e os poderes invisíveis — o inundem com amor e apoio.

4. Transfiguração

Você está mais aberto do que nunca à possibilidade de transfiguração. Ela ocorre no momento em que você se torna disposto a se envolver completamente com a sua vida em qualquer nível que ela se apresente. Você abandona os esforços que o hemisfério esquerdo do seu cérebro faz para controlar e manipular, para fazer com que as coisas aconteçam, tentando, trabalhando, avaliando, esforçando-se, preservando e protegendo — e torna-se absolutamente comum. Neste estágio, a solução vem espontaneamente quando você abandona as suas ilusões — os desejos e as expectativas, sobretudo a expectativa que lhe diz o quanto você é espiritualizado, o quanto você avançou e o quanto sua contribuição será importante. Você compreenderá que não precisa fazer coisas extraordinárias para se encaixar na ordem invisível do universo. Você já se encaixou.

5. Emergência

Renovado e revitalizado, você emerge espontaneamente da escuridão ávido para participar por completo da sua vida, a partir de uma perspectiva nova e aprimorada. Com fé, você tem a sensação de que o universo está trabalhando por seu intermédio para atingir um objetivo maior, muitas vezes de maneiras misteriosas que estão além da sua compreensão ou do seu controle. Você tem a experiência visceral de saber perfeitamente que, dado quem você é, de onde você veio e as circunstâncias que está enfrentando, você está exatamente no lugar certo e na hora certa, fazendo precisamente o que precisa ser feito. Você se envolve espontaneamente com a ordem invisível do universo, com a certeza de que existem forças atuando em seu benefício, em todos os momentos da sua vida.

* * *

Todos estes estágios convergem no exercício final da sétima hora, o mais poderoso de todos os processos que compartilharei com você hoje. Esse é um processo que completa a transição de pensar com o hemisfério esquerdo analítico do cérebro para entrar em contato com a maneira mais eficaz que encontrei para passar dos canais do seu cérebro esquerdo para o direito.

É o que eu chamo de oração.

Porém, não o tipo de oração com a qual provavelmente você está acostumado — palavras de súplica ou de comprometimento. Ela não contém nem mesmo palavras de gratidão. A oração que vou lhe pedir que você faça tem um objetivo, apenas um: abrir seu coração para a disposição de receber.

A oração que irei lhe ensinar contém elementos inspirados pelo Centering Prayer, um método desenvolvido pelo padre Thomas Keating, sacerdote, monge e abade cisterciense, combinada com elementos rituais que retirei das tradições dos índios americanos, da filosofia zen e da tradição judeu-cristã.

Ela começa com uma palavra ou frase sagrada da sua escolha — qualquer palavra ou frase que expresse a sua experiência de um poder maior do que você mesmo. Pode ser "Universo amoroso", "Paz", "Deus", ou qualquer outra palavra ou frase que o lembre da sua disposição de ser envolvido pela presença divina.

Keating escreveu:

> A palavra é uma palavra sagrada, pois ela é o símbolo da sua intenção de se abrir ao mistério da presença de Deus além dos seus pensamentos, imagens ou emoções. Ela é escolhida não pelo seu conteúdo mas pelo seu propósito. Ela é apenas um indicador que expressa a direção do seu movimento interior rumo à presença de Deus.

Depois que tiver essa palavra sagrada em mente, encontre um lugar para realizar esse ritual. Se possível, encontre um ponto voltado para o horizonte, onde o sol estará se pondo. Se o sol já se pôs ou se for impossível presenciar um pôr-do-sol — talvez você esteja num recinto sem janela ou o tempo esteja ruim — sente-se em frente à lareira acesa ou diante da chama de uma vela.

O próximo passo dessa oração é criar um círculo à sua volta. Se você estiver ao ar livre, pode desenhar um círculo na terra com um graveto ou fazer um círculo com pedras. Se estiver num recinto fechado, pode cercar-se com seus livros favoritos ou objetos sagrados. Outra opção é, simplesmente, imaginar um círculo de luz à sua volta.

Quando tiver feito o círculo, sente-se no meio dele e relaxe o foco dos seus olhos e da sua mente. Não olhe para nada em especial nem pense em nada especificamente. E agora? Simplesmente isto: espere. Se começar a ficar ansioso ou sentir um desejo ou mesmo tiver um sentimento de antecipação, repita a sua palavra sagrada para lembrar a si próprio de se libertar dos seus pensamentos e sentimentos e volte a ficar em silêncio. Sempre que sua mente ou suas emoções vagarem, use a palavra sagrada para, delicadamente, guiá-lo de volta.

O *I Ching* descreve o estado em que você está entrando:

> Espere com a plácida força da paciência. O tempo irá satisfazer a si próprio. Não é preciso temer que a vontade forte não prevaleça; o principal é não gastar os próprios poderes de forma prematura na

tentativa de obter à força algo para o qual o tempo ainda não está pronto.

Quanto tempo você deve esperar? E o que, exatamente, você está esperando? A resposta é esta: você saberá o que está esperando quando ficar consciente de que já o recebeu e descobrirá que está disposto a esperar quanto for necessário.

Além do Pôr-do-Sol

Dezenove

O Seu Eu Comum é o Que Basta

*Como diz uma clássica parábola zen, um monge noviço se aproximou
do seu mestre, Joshu.*
— *Rogo-lhe que me diga algo. Qual é o segredo para se compreender todas
as coisas? O segredo da iluminação?*
Joshu voltou-se para ele.
— *Você já jantou hoje?*
— *Sim, já jantei* — *respondeu o jovem monge.*
Joshu replicou: — *Agora lave sua tigela.*

Em 1938, Barbara Ueland, autora de *If You Want to Write: A Book About Art, Independence, and Spirit*, descobriu que sua maior criatividade, suas conquistas, a solução das suas questões e dos seus problemas vinham como conseqüência de uma longa e lenta caminhada diária de oito ou nove quilômetros no campo, perto da sua casa.

Euland escreve: "Apenas em caminhadas bem longas alguém tem idéias novas".

Pessoas inteligentes, cheias de energia, esforçadas e práticas freqüentemente dizem: "Não sou criativo". Elas são; precisam mais ficar ociosas, sem energia e a sós por uma boa parte do tempo, tão preguiçosas como homens pescando num riacho, olhando calmamente e pensando, sem estarem dispostas o tempo todo. Esse olhar calmo e esse pensamento são a imaginação; é deixar que as idéias venham. Ter disposição é fazer algo que já se sabe, algo que alguém mais já nos disse; nela não há uma nova compreensão imaginativa. E, atualmente, nossa alma está espantosamente estéril e seca porque somos tão rápidos, vivos e eficientes para fazer uma coisa atrás da outra que não temos tempo para que nossas próprias idéias venham, se desenvolvam e brilhem delicadamente.

Enquanto Ueland caminha, sozinha, ela absorve o céu, o lago, as árvores à sua volta, o pescoço e o queixo relaxados, e à medida que caminha repete este mantra para si mesma: "Não há motivo para me apressar... sou livre".

Esse é o tipo de liberdade que Joshu estava ensinando ao monge noviço, assim como muitos professores que encontramos juntos hoje, de William James a Einstein, de Santo Agostinho ao eremita tibetano Milarepa. Hoje você teve uma experiência do tipo de liberdade que Ueland relata. Você conseguiu escapar por um dia da tagarelice persistente da consciência empreendedora do hemisfério esquerdo do cérebro, para se deleitar no fluxo de idéias ainda não completamente formadas, em sonhos ávidos por se expressarem, na presença divina acenando para ser recebida.

Comecei este livro com uma citação de Havelock Ellis: "*É pelo infinito que estamos ávidos, e aproveitamos de bom grado cada pequenina onda que prometa nos levar a ele*".

Tenho certeza de que, depois de ter passado por isso hoje, você compreende melhor a crença em que este livro se baseia: a de que a solução do seu problema será conseqüência da sua disposição de se envolver plenamente na vida. Tudo o que o impede de entrar em sintonia com o universo, o lugar onde as soluções ocorrem espontaneamente, é acidental e pode ser superado. Agora você viu, por si próprio, que a doença, a inflexibilidade e a ignorância são problemas que podem ser corrigidos. Soluções extraordinárias, lampejos intuitivos e sabedoria não são acontecimentos excepcionais, mas o seu estado natural: a experiência que você pode ter no exato momento em que compreender que o seu eu comum é o que basta.

O Seu Eu Comum é o Que Basta   195

Você já provou que é capaz de criar um ambiente propício para que o processo de se ajustar harmoniosamente à ordem invisível possa ocorrer. Porém, você o fez quando tinha um problema ou uma questão específica em mente. O desafio que coloco diante de você é o seguinte: Você está disposto a viver dessa maneira todos os dias da sua vida?

Se você tentar voar acima de todos os obstáculos declarando, como fez no passado, que não deixará nada interpor-se no seu caminho, você ficará frágil e reativo. Você pode se colocar sem querer contra o universo, aumentando a resistência em vez de diminuí-la, apenas por causa da sua posição arrogante. Uma atitude mais produtiva é proclamar que fará o que for preciso para ser bem-sucedido, compreendendo que muitas coisas irão se colocar no seu caminho. O *I Ching* ensina a fazer isso. Você tem que estar sempre atento para colocar a vida em ordem e vasculhar seu coração "para que ele não abrigue nenhuma oposição secreta à vontade de Deus".

Em vez de atacar seu problema como se ele fosse um inimigo a ser conquistado, retire sua inspiração da água. O *I Ching* explica que a água nos dá o exemplo:

> Ela flui ininterruptamente e simplesmente enche todos os lugares por onde passa; ela não se encolhe diante de um ponto perigoso ou de uma queda, e nada pode fazê-la perder sua natureza essencial. Ela continua a ser verdadeira consigo mesma em qualquer circunstância.

Você pode dizer a Deus que está disposto a fazer tudo o que for preciso para ter a solução que procura, compreendendo que "tudo" leva em consideração o cuidado e o bem-estar do seu espírito? Você consegue acreditar que o seu espírito prevalecerá, mesmo que você aceite que muitas coisas irão se interpor no seu caminho? O segredo não é tentar alcançar a perfeição, mas crescer o bastante para abranger tudo o que aparecer, incluindo a imperfeição. A criatividade é um processo orgânico guiado pela vida e o processo da nova criação não apenas permite como também exige períodos de caos e de incerteza. Você reflete sobre as possibilidades, corre riscos e separa o essencial do insignificante. O pensamento do hemisfério direito do cérebro, quando compreendido verdadeiramente como um ponto de acesso e não como uma proteção contra uma vida intensamente vivida, é desordenado. Você deve manter de prontidão a sua disposição de lutar com as questões, de colocar à prova suas melhores reflexões e soluções, suas percepções mais verdadeiras e até mesmo suas maiores esperanças.

Depois de esgotar seus recursos interiores, como acontecerá de tempos em tempos, ainda lhe restará uma opção: a força para ser simples.

Katagiri Roshi, um monge zen contemporâneo, disse uma vez a seus alunos que grande desafio isso pode representar.

Durante o último *sesshin*, enquanto estávamos sentados, me surpreendi pensando: "Isto é tudo o que eu vou fazer com a minha vida? Apenas me sentar? Então eu compreendi. Outro pensamento.

O destino adora o nada e a simplicidade e se atira no vazio com luz e amor. Quando em dúvida, siga em direção ao comum e você acertará no alvo.

Provavelmente, você não vai poder tirar um dia inteiro da sua rotina para submeter-se a um processo como este de que participou hoje, sempre que tiver um problema. Talvez você não possa ou não esteja disposto a colocar de lado seus compromissos e assuntos rotineiros para viver a vida de um monge ou de um místico.

Entretanto, será que existe uma maneira de você conseguir se religar com o nível mais profundo da experiência de que participou hoje, quando for preciso? Uma maneira de causar um curto-circuito nos processos do hemisfério esquerdo do cérebro para deixar o conhecimento intuitivo do hemisfério direito emergir?

Sim, existe. Existe um processo final que eu gostaria de compartilhar com você hoje. Ele consiste em fazer a si próprio uma pergunta simples:

O que é possível?

O que é *possível* — quanto você pode dar, quanto pode realizar antes de ter de parar para reabastecer? Com que compromissos você pode arcar — que irão prejudicar o seu espírito? O que é *possível*, dado que, mesmo que você tenha responsabilidade, existem forças maiores do que você mesmo em ação na sua vida e no universo? O que é *possível*: o que você pode mudar — o que tem de aceitar?

E ao mesmo tempo, o que é *possível* — quando você pára de castigar seu espírito com vários pensamentos menores, libertando sua energia vital para criar em vez de proteger? O que é *possível* — quando abandona os velhos sistemas e estruturas que não funcionam mais para você e deixa que sua vida descubra seu novo tamanho e formato? O que é *possível* — quando invoca suas aspirações mais elevadas, disposto a fazer sacrifícios e a pagar o preço que a fé exige para estar completamente vivo? O que é *possível* — quando seu coração está tão repleto que o amor e a gratidão que você sente extravasam para alegrar, sem esforço e espontaneamente, a vida de outras pessoas? O que é *possível* — quando seu espírito cresce mais do que o medo e você encontra forças dentro de si mesmo para sair do seu *status quo* e ir em direção ao desconhecido?

Eu imagino uma sociedade de homens e mulheres conscientes das dissonâncias criativas inerentes à avaliação do que foi alcançado com o que é possível — seres humanos que estão empreendendo uma jornada interior para um lugar onde os valores morais vêm antes da busca do conforto. Eu imagino uma sociedade composta por pessoas que têm tempo para seus relacionamentos — para relaxar, se divertir e se importar umas com as outras. Eu imagino uma sociedade composta por pessoas dispostas a lutar com a imperfeição da natureza humana, mas que ao mesmo tempo trabalham, sonham e acreditam que a humanidade tem um potencial maior do que tem mostrado até agora. Eu imagino uma época em que pessoas de todos os credos participem juntas de uma experiência transcendente do divino, uma unidade grande o suficiente para abranger a todos nós.

É aqui, na experiência mística, que participamos como iguais com a ordem invisível do universo. Esta é a liberdade suprema — e está disponível para você e para cada um de nós. Depois que tiver conhecido isso — você sofrerá uma transformação profunda.

Você deve se lembrar de que no início do dia citei William James na questão do potencial humano: "Existem limites de possibilidade superiores e inferiores, estabelecidos para a vida de cada pessoa". Somente quando estamos dispostos a "tocar nossos próprios limites superiores e viver no nosso próprio centro de energia superior" é que podemos ter esperanças de alcançar o potencial espiritual da nossa vida. Você deve estar disposto a fazer o jogo da vida de maneira a tornar possível a satisfação do seu potencial espiritual, ou a vida parecerá enfadonha e sem esperança.

Eu espero e confio que o problema original que o trouxe a este dia tenha sido resolvido no decorrer dos muitos processos que você realizou. Você provavelmente ficou satisfeito com tudo o que fez. Porém, espero que ao longo do caminho você tenha conseguido algo mais valioso ainda: a compreensão das leis misteriosas e divinas do universo.

Na história da criação segundo a Bíblia, o sol poente não significava que o dia estava terminando, mas sim o início de um novo dia. À medida que o sol se põe no problema que você escolheu para ser resolvido, deixe que ele leve consigo aquilo de que você não precisa mais ou não quer na sua vida. Qual é a maior crença que você trouxe para este dia e que agora percebe que já superou? A opinião de quem, sobre como você está conduzindo sua vida, você não quer ou não precisa mais? Quais as crenças com que você foi criado e que não precisa levar para o futuro? O que significaria para você deixar de lado tudo isso? Tudo bem se agora você sentir uma tristeza ao mesmo tempo doce e amarga: as crenças que o sol está levando embora com ele ficaram com você por muito tempo. Mas à medida que os últimos raios do sol se afastam dentro da noite, pergunte a si mesmo: *O que vai mudar para mim agora?*

Assim como você não é a mesma pessoa que se sentou no início do dia de hoje para realizar o processo da *Solução ao Pôr-do-Sol*, tampouco você irá retornar à sua vida e ao mundo da maneira que você era. O universo está em contínua mudança. Nunca se sabe o que irá acontecer — nem mesmo daqui a um instante. Lembra-se do homem que fazia chover, mencionado anteriormente? Enquanto ele estava fazendo o trabalho contemplativo de remover sua resistência interior para se sintonizar com a ordem invisível, antes mesmo que realizasse a cerimônia para fazer chover, choveu. Tamanho era o poder do seu comprometimento que a solução do seu processo interior trouxe consigo a melhora do clima.

Em breve, você irá retomar seu cotidiano — mas com novas percepções, conhecimentos e aptidões. Saiba que, independentemente dos resultados que você sente que tenha alcançado ou não no dia de hoje, você fez exatamente o que precisava fazer na sua vida agora. Cultivando o seu mundo interior, você está plantando sementes que já estão crescendo em vitalidade e energia. A qualquer momento você pode ficar mais consciente de ter objetivos renovados, percepções repentinas e soluções extraordinárias.

Deixe o sol poente levar com ele a sua resistência, suas dúvidas, seus esforços obstinados de manter o controle. Mas deixe que ele lhe deixe aquilo que você percebe que não está disposto a renunciar: o direito a um relacionamento com o universo que dê sentido à sua existência, o heroísmo inerente à vida vivida intensamente e, sobretudo, à possibilidade de milagres.

Prepare-se para se surpreender.

O Processo da Solução ao Pôr-do-Sol: Resumo

As Quatro Premissas

Primeira:

Existe uma ordem invisível no universo.

Segunda:

Nosso bem supremo consiste em nos ajustarmos de forma harmoniosa a essa ordem invisível.

Terceira:

Tudo o que nos impede de nos sintonizarmos com o universo é acidental e pode ser superado.

Quarta:

As forças que estão além da nossa compreensão já estão envolvidas no nosso processo de resolver problemas.

Primeira Hora:
Estabeleça Seu objetivo

Qual é o seu objetivo para hoje? Qual é o problema ou questão que está na sua mente e que você gostaria verdadeiramente de resolver? Nos próximos dez minutos, escreva sem parar, sem tirar a caneta do papel. Escreva o mais rápido que puder. Escreva o que vier à sua mente. Não conduza os seus pensamentos, siga-os.

Segunda Hora:
Delimite a Descida

Sinta suas emoções completamente, durante uma hora. Coloque uma música inspiradora no aparelho de som. Se tiver uma lareira, acenda-a. Feche as portas para ter privacidade total. Deixe-se levar profundamente pelos seus sentimentos. Não escreva. Não leia. Não faça nada, apenas sinta. Se estiver com medo de se desintegrar, coloque o despertador para tocar depois de uma hora.

Terceira Hora:
Conte a História da Sua Vida

Responda a esta série de perguntas para encontrar o significado que está por trás da sua mitologia original — e para ver se pode encontrar as raízes do seu problema atual nas soluções do seu próprio passado:

1. Qual é sua lembrança feliz mais remota?

2. O que foi que pôs um fim a essa felicidade?

3. Qual foi a solução que encontrou?

4. O que ela trouxe de positivo?

5. Que preço você teve de pagar por essa solução?

6. De que modo aquilo que você sacrificou há tanto tempo ainda o está afetando?

Depois de responder a essas seis perguntas, descreva o mito da sua vida. Comece cada um dos cinco parágrafos-chave com estas palavras:

1. Era uma vez uma criança feliz chamada...

2. Então, algo terrível aconteceu.

3. A criancinha corajosa sabia o que tinha que fazer

4. E todos viveram felizes para sempre.

5. A moral da história é...

Pergunte a si mesmo: A moral do mito que acabei de escrever resolve o meu problema? Se não, tente escrever um novo final para a sua história. Você pode usar o mesmo começo e o mesmo desenvolvimento que usou no mito acima, partes 1 e 2. Mas tente novas possibilidades para as partes 3, 4 e 5 até que o seu herói consiga o resultado que realmente merece, um que sirva para você agora.

Quarta Hora: Estupefato

Durante esta hora, faça quatro perguntas específicas sobre o problema que você gostaria de resolver até o pôr-do-sol. As perguntas são as seguintes:

1. Qual é a verdade sobre o problema ou questão que estou enfrentando agora?

2. Qual é a natureza do obstáculo que está impedindo que esse problema seja resolvido até o pôr-do-sol de hoje?

3. O que eu devo fazer?

4. Que resultado devo esperar?

Escolha alguns dos instrumentos de adivinhação abaixo para ajudá-lo nesse processo. Os instrumentos são:

1. Adivinhação, usada como um instrumento intuitivo de tomar decisões. Existem duas condições. A primeira é que você tem de colocar de lado quaisquer encartes que expliquem o significado da simbologia. Em vez disso, apenas pergunte a si mesmo o que cada carta significa para você. A segunda condição é que, se alguma vez você puxar uma carta do tarô ou fizer uma leitura que lhe pareça errada, coloque-a de volta e tente novamente — ou então coloque essa opção de lado e tire-a dos seus pensamentos.

2. Pegue o seu livro favorito, talvez a Bíblia ou algum outro trabalho espiritual e, com a pergunta em mente, abra-o aleatoriamente e comece a ler.

3. Leve sua pergunta para dar uma volta na natureza. À medida que caminha, fique atento a quaisquer sinais no ambiente que possam ter algum significado pessoal.

4. Leve sua pergunta para uma meditação de olhos fechados, ou talvez até mesmo para um sono profundo (não se esqueça de colocar o despertador). Se tiver um sonho, anote quaisquer imagens assim que acordar. Se optar por uma visualização orientada, feche os olhos e imagine um ser sábio caminhando na sua direção, trazendo-lhe um presente. Quando receber o presente, imagine que o está abrindo e vendo o que há dentro. Deixe-se surpreender por ele.

Quinta Hora: Vozes Diferentes

Submeta o problema que você gostaria de resolver até o pôr-do-sol ao seu conselho diretor interno, e peça que ele chegue num consenso sobre o que é melhor para você. Caso você já tenha uma solução para o seu problema ou tenha recebido um importante comunicado de uma das vozes em particular, peça que ela fale primeiro. Se não, a Crítica será a primeira voz a falar.

A primeira voz, por favor, nos diga: Qual a sua posição com relação ao problema que eu quero resolver até o pôr-do-sol? Você tem alguma solução satisfatória em mente? Se tiver, diga qual é. Se não — o que a está impedindo?

O que a Crítica tem a dizer sobre isso?

O que a voz Acalentadora tem a dizer sobre isso?

O que a Criança Interior tem a dizer sobre isso?

Alguém mais gostaria de dar sua opinião, neste momento, sobre qualquer uma das vozes que se expressaram — ou sobre o meu papel como presidente do conselho?

Chegou a hora de ouvir nosso conselheiro especial, o Eu Superior. Eu Superior, depois de ouvir todas essas vozes, qual é a sua opinião? Se você já tiver me enviado um sinal, um símbolo ou uma imagem em sonho que eu não tenha entendido muito bem, está na hora de me revelar o seu significado. O que significa? Que orientação está tentando me dar?

Se chegarem a um consenso, agradeça aos membros da sua diretoria e encerre a sessão. Se não, abra um fórum de debates. Quando terminar, faça a seguinte declaração:

Membros do conselho, Eu Superior, eu gostaria de agradecer a colaboração de todos vocês. Reunião encerrada.

Sexta Hora: Onze Perguntas

1. **Qual é o problema que você mais gostaria de resolver neste momento?**
2. **Qual o resultado que você mais gostaria de conseguir?**

3. De que maneira você tentou resolver essa situação até agora?
4. Por que essa abordagem não funcionou?
5. Quais os ganhos ou benefícios que essa situação lhe trouxe?
6. De que outra maneira você poderia conseguir o mesmo ganho, mas de uma forma que fosse mais vantajosa para você?
7. De que maneira você pode mudar essa situação?
8. O que você precisa aceitar com relação a essa situação?
9. Qual é o seu maior medo com relação a essa situação?
10. Qual é a verdade a respeito dessa situação?
11. O que você está disposto a fazer agora para conseguir a solução que procura?

Sétima Hora Até o Pôr-do-Sol: Pronto para Receber

1. Leia tudo o que você escreveu para se lembrar das suas experiências, para verificar como você se sentia com relação ao problema, a si mesmo e ao processo — e como se sente neste momento.

2. Escreva uma carta para o seu problema reconhecendo o papel que ele tem desempenhado na sua vida. Perdoe o seu problema, vendo nele os trabalhos misteriosos da ordem invisível do universo.

3. Desfaça-se da carta, queimando-a na lareira ou em qualquer outro lugar. Ou então fique com ela, colocando-a num lugar especial — para que ela seja um lembrete de onde você veio e para onde está indo.

4. Abra o coração para a disposição de receber, através de uma oração de centramento. Comece selecionando uma palavra secreta — qualquer palavra que expresse a experiência que você tem com um poder maior que você. Depois que tiver essa palavra sagrada em mente, encontre um lugar para realizar esse ritual de oração. Se possível, um lugar de

frente para o pôr-do-sol. O próximo passo é fazer um círculo ao seu redor. Se estiver ao ar livre, desenhe um círculo na terra com um graveto ou faça um círculo com pedras. Se estiver num recinto fechado pode usar seus livros favoritos ou objetos sagrados. Outra opção é simplesmente imaginar um círculo de luz à sua volta. Quando tiver feito o círculo, sente-se no meio dele e relaxe o foco dos seus olhos e da sua mente. Não olhe para nada em especial nem pense em nada especificamente. E agora? Simplesmente isto: espere. Se começar a ficar ansioso ou a sentir um desejo ou até mesmo um sentimento de antecipação, repita a palavra sagrada para lembrar a si próprio de se libertar dos seus pensamentos e sentimentos, e volte a ficar em silêncio. Quanto tempo você deve esperar e o que, exatamente, está esperando? Você saberá isso quando ficar consciente de que já o recebeu — e descobrirá também que está disposto a esperar o quanto for necessário.

O Que é Possível?

Fontes

Anthony, Carol K. *The Philosophy of the I Ching*. Stow, Mass.: Anthony Publishing, 1981.
Batson, Daniel C.: Patricia Schoenrade; e Larry W. Ventis. *Religion and the Individual: A Social-Psychological Perspective*. Nova York: Oxford University Press, 1993.
Borysenko. Joan, Ph.D. *Fire in the Soul*. Nova York: Warner, 1993.
Bregman, Lucy. *The Rediscovery of Inner Experience*. Chicago: Nelson-Hall Publishing, 1982.
Byrnes, Joseph F. *The Psychology of Religion*. Nova Yotk: Free Press, 1984.
Campbell, Joseph (em conversa com Michael Toms). *An Open Life*. Burdett, N.Y.: Larson Publications, 1988.
Carroll, Robert P. *When Prophecy Failed: Cognitive Dissonance in the Prophetic Tradition of the Old Testament*. Nova York: Seabury Press, 1979.
Chodron, Pema. *Start Where You Are: A Guide to Compassionate Living*. Boston: Shambhala Publishing, 1994.
Eliade, Mircea, org. *The Encyclopedia of Religion*. Nova York: Macmillan, 1987.
Feinstein, David, Ph.D., e Stanley Krippner, Ph.D. *Personal Mythology*. Nova York: Tarcher, 1988. [*Mitologia Pessoal*, publicado pela Editora Cultrix, São Paulo, 1992.]
James, William. *The Varieties of Religious Experience: A Study in Human Nature. Introduction by Reinhold Niebuhr*. Nova York: Collier Books, 1961. [*As Variedades da Experiência Religiosa*, publicado pela Editora Cultrix, São Paulo, 1991.]
Jung, Carl G. *Man and His Symbols*. Garden City, Nova York: Doubleday, 1964.
Keen, Sam e Anne Valley Fox. *Telling Your Story*. Garden City, Nova York: Doubleday, 1973.
Lindbergh, Anne Morrow. *Gift From the Sea*. Nova York: Vintage Books, 1978.
Marrs, Donald. *Executive in Passage*. Los Angeles: Barrington Sky Publishing, 1990.
May, Rollo. *The Cry for Myth*. Nova York: W.W. Norton, 1991.
Phillips, Dorothy Berkley. *The Choice is Always Ours*. Nova York: R. B. Smith, 1948.
Sawyer, F. A. *Prophecy and the Prophets of the Old Testament*. Nova York: Oxford University Press, 1987.
Stone, Hal, Ph.D., e Sidra Winkleman, Ph.D. *Embracing Ourselves*. San Rafael, Calif.: New World Library, 1989.
Telushkin, Rabino Joseph. *Jewish Wisdom*. Nova York: William Morrow, 1994.
Toppel, Edward Allen. *Zen in the Markets: Confessions of a Samurai Trader*. Nova York: Warner Books, 1994.
Ulland, Barbara. *If You Want to Write: A Book About Art, Independence and Spirit*. Saint Paul, Minn.: Graywolf Press, 1987.
Ward, James, *Thus Says the Lord*. Nashville: Abington Press, 1991.
Weiner, Herbert. *9 and ½ Mystics: The Kabbala Today*. Prefácio de Elie Wiesel. Nova York: Collier Books, 1969 (a edição de 1992 foi publicada por Macmillan Publishing Co.).
Wilhelm, Richard, e Cary F. Baynes. *The I Ching*. Prefácio de Carl Jung. Princeton, N.J.: Princeton University Press, 1950.

O Que Vem a Seguir

Se você quiser se associar aos Overachiever's Anonymous e fazer parte da lista de correspondências de Carol Orsborn, envie um envelope selado com seu nome e endereço para: Overachiever's Anonymous, P. O. Box 159061, Nashville, Tennessee, 37215. O Overachiever's Anonymous foi fundado com a promessa de nunca fazer reuniões, ministrar aulas ou levantar fundos.

Nota da Autora

Os membros do Overachiever's Anonymous contribuíram com relatos pessoais e casos interessantes relacionados com os princípios compartilhados neste livro. Respeitando o desejo de anonimato de alguns, mudei nomes de pessoas e de empresas e inventei detalhes.